三星堆

青铜铸成的神话

王仁湘 著

巴蜀书社

图书在版编目（CIP）数据

三星堆：青铜铸成的神话 / 王仁湘著 . -- 成都：巴蜀书社，2022.9（2024.6 重印）

ISBN 978-7-5531-1686-0

Ⅰ.①三… Ⅱ.①王… Ⅲ.①三星堆文化—文集 Ⅳ.① K872.710.4-53

中国版本图书馆CIP数据核字（2022）第 046454 号

SANXINGDUI：QINGTONG ZHUCHENG DE SHENHUA
三星堆：青铜铸成的神话　　王仁湘　著

策　　划	周颖　吴焕姣
责任编辑	吴焕姣
责任印制	谷雨婷　田东洋
装帧设计	肖晋兴
出　　版	巴蜀书社 成都市锦江区三色路 238 号新华之星 A 座 36 层　邮编：610023 总编室电话：（028）86361843
网　　址	www.bsbook.com
发　　行	巴蜀书社 发行科电话：（028）86361856
经　　销	新华书店
印　　刷	成都市东辰印艺科技有限公司
版　　次	2022 年 9 月第 1 版
印　　次	2024 年 6 月第 3 次印刷
开　　本	170mm×240mm
印　　张	21
字　　数	225 千字
书　　号	ISBN 978-7-5531-1686-0
定　　价	128.00 元

本书若出现印装质量问题，请与工厂联系调换

目录

代　序　　古蜀时代营造的神界　　001

人与神

三星堆青铜立人像观瞻小记　　023

三星堆青铜立人像冠式的解读与复原
　　——兼说古蜀人的眼睛崇拜　　037

我有高冠通天去
　　——三星堆3号坑出土"立发人"青铜像　　049

三星堆3号坑出土青铜顶尊跪姿人像观瞻小记　　057

古蜀人的模样　　073

古蜀先人来自何方？　　079

神坛

三星堆 2 号坑 296 号青铜神坛复原研究　089

三星堆 3 号坑出土"奇奇怪怪"青铜器　111

一场关于三星堆 3 号坑新见神坛的"越洋"对话　115

在精致肃穆的时空里：图说三星堆 8 号坑青铜神坛　121

鸟人何来：三星堆 8 号坑出土鸟人神坛　135

络腮胡：三星堆现"胡人像"影踪？　145

器与纹

连珠纹：彩陶与铜器对谈　155

再说连珠纹：从织锦、铜、陶说到彩陶与白陶　169

三星堆 4 号坑出土蜀王屏风识见记　175

大钺与铃当：牙口的故事　183

太阳神树图像溯源　195

龙与凤三千年前相遇在古蜀　201

蜀金蜀玉

黄金覆面是何方传统？　207

三星堆 3 号坑出土太阳神饰玉底座小记　213

古蜀蝉纹玉饰牌之由来　219

说琮：古蜀玉琮观察　231

三星堆 3 号坑出土树纹玉琮观察　243

象牙与其他

古蜀时代的象牙　251

古代巴蜀到底有没有文字？　263

巴蜀探秘：一条驶出小栅栏的大战船　269

四正与四维：从中国早期两大方位系统谈古蜀时代的方位及三星堆 8 个坑性质　289

附　录　答问三星堆　321

后　记　329

代序

古蜀时代营造的神界

天府，古代用这个词称呼宜居之地，只有中国西南方向的一块宝地，地理上称为成都平原，古今都享有天府之名。在那里孕育出独具特色的古蜀文明，古蜀建立了自己的王国，创造出灿烂的文化。

蜀，传说它原本是一种昆虫的名字，是会吐丝的蚕虫，古蜀人很早就用这蚕丝织成了丝绸锦缎。后来这蚕成了部族的名称，又因此有了蜀国和蜀王，也就有了别具一格的古蜀文明。

各代古蜀王的名字，有一些保存在传说里。蜀国的历史，因为没有纳入中原主体史乘，只留下一些模糊的片段，那些细节早已湮没无闻。好在考古上的发现将许多的历史事象揭示出来，我们又可以开始勾绘出古蜀文明的大致轮廓。

广汉三星堆遗址和成都金沙遗址等重大考古发现，让我们了解古蜀文明的特质所在。大量金、铜、玉、石、骨牙类文物遗存，承载着丰富的文化信息。三星堆出土的青铜器，让我们不仅又一次领略古蜀文化的奇诡与精致，也让我们又一次踏入古蜀人的精神世界，认识他们造作的神界，了解他们崇拜神灵的方式及与神灵沟通的方式。

古蜀人造作的神界，气势磅礴且机巧精致，生机盎然又神秘诡异。考古发现大量形体高大、威严神圣、地域特色浓郁的精美青铜文物，再现了四川先民独特的生存意象与奇幻瑰丽的心灵世界，也体现出古蜀族非凡的艺术想象力与惊人的创造力。

造神易，造神界难。古蜀时代主要以青铜造出了神，也造出了一个特别的神界。古蜀人的神界并不仅仅只是存在于口口相传的神话中，更是创作有大量真切的艺术品，让你看得见、触得着、听得见。这些艺术品会直达你的心灵深处，令你产生共鸣，甚至发生震颤，让你久久不能忘怀。

艺术是信仰飘扬的旗帜，古蜀时代的青铜艺术正是这样一面飘扬的旗帜。古蜀人生活在自己营造的神界里，感觉与神同在、与神同悲欢。在这部书里，我们遇见的是青铜，是古蜀人用青铜打造的神界，我们感受到这神界的庄严与贞穆，还有奇巧与神秘莫测。

古蜀人营造的神界，有许多自己心中崇拜的神灵：在天有太阳神和太阳鸟，在地有地祇，还有连接天地的天梯神树等，当然还有祖先神，国王们无一例外都是传说中神灵的化身。

在古蜀人的神话世界里，蜀王是神化的人王。古蜀先王，有教民养蚕的蚕丛，有教民捕鱼的鱼凫，还有教民农耕的杜宇和带民治水的开明。他们的名号多与蜀人的生业相关联，这是历史的记忆。传说中蜀王都有神一样的出生，也有神一样的归宿，他们专意为众生求福祉是蜀人永远的记忆。

古蜀王的尊容是怎样的？也许我们已经见到了他的造像。这是一尊高大的青铜人物立像，出土自三星堆2号坑中。青铜立人像出土后经过精心修复，整体形象基本完整，成为三星堆出土青铜造像体量较大的一件文物，十分引人注目。

青铜立人像光华熠熠、气韵磅礴，它或许真是一代古蜀王的塑像，或者是古蜀时代某个神明的象征。它是以1∶1的比例仿真铸造的，如此巨大的青铜立人像，在中国商周考古中闻所未闻。远观立人像体态修长，端正直立，双臂平抬，双手对握为环形，手握有物已失。近观立人像着纹样华丽的冠服，裸露十趾，两足正立。足下是两层高台，装饰四个连接为一体的兽首，兽首作细目翘鼻独角状。这尊铜像巍巍立定在恰以容足的高台上，双手握物，极目远眺，好似在奉献，又好似在默祷，气度庄重肃穆，神情祥和虔诚。

是王，或是巫是神，在古蜀人而言，立人像地位非常崇高，至高无上。在古蜀时代，蜀王就是神一样的存在。在蜀人眼中，他们的王就像神一样奇伟高大。

传说古蜀第一代开明帝称丛帝，原名鳖灵，本是东方楚国人，失足落水淹死，尸首却逆流而上，被打捞复活做了蜀相。后来鳖灵治水有功，蜀王将王位禅让给了他。蜀王有的是从天而降，有的是自外地而来，他们具有与生俱来的神性。蜀人也是经过多次移徙进入蜀地，用他们的智慧创造了天府之国。人神杂糅，人神共舞，这便是古蜀人的世界。

在古城时代之前，蜀地建造天府之国的奠基石，在那遥远的时代就已经在开凿了。天地间任一生命的出现，都是一场奇妙的旅行，人类更是如此。蜀地蜀人的生命旅行中，是殷切的期盼，期盼神灵护佑苍生。

与青铜立人像一样引人注目的是，在祭祀坑中还发现许多青铜人头像和神面像，数量多，体量大，同样也非常令人震撼。那些神面像，一看就是威严的众神，它们狞厉的面色，具有一种强大的威慑力。

三星堆两个祭祀坑共出土青铜人头像50多件，人面像都是明确的男性形象，没有见到一例确定的女性标本。雕像一个比一个剽悍英俊，如壮士，如斗士，都是勇猛之士。

这些古蜀时代的青铜雕像，浓眉大眼，高鼻阔嘴，编发剃须，戴冠缀环，长衣束带，有的原型是古蜀人。那些青铜人面像当是古蜀神灵雕像，特别是"纵目"面具雕像，曾被认作是蜀人始祖蚕丛的模样，《华阳国志·蜀志》说，"有蜀侯蚕丛，其目纵，始称王"。蚕丛出身为神，他的造像自然不与常人相同，纵目便是最显著的特征（图1、2）。

让发现者没有想到的是，在一些青铜人头像的面部敷有一层金箔，以黄金贴面，在古蜀人而言是一种非常特别的仪饰。将青铜雕像覆盖上一层金箔，使冰冷的人面像或是神面像熠熠生辉，应当别有深意（图3、4）。虽然只不过是一层薄薄的装饰，但并不是所有的青铜雕像都有金箔装饰的脸面，有理由认为那些金面是某种特别

图 1　三星堆 2 号坑出土青铜纵目面具

图2 三星堆2号坑出土青铜戴冠纵目面具线绘

图4 三星堆2号坑出土戴金面罩青铜人头像

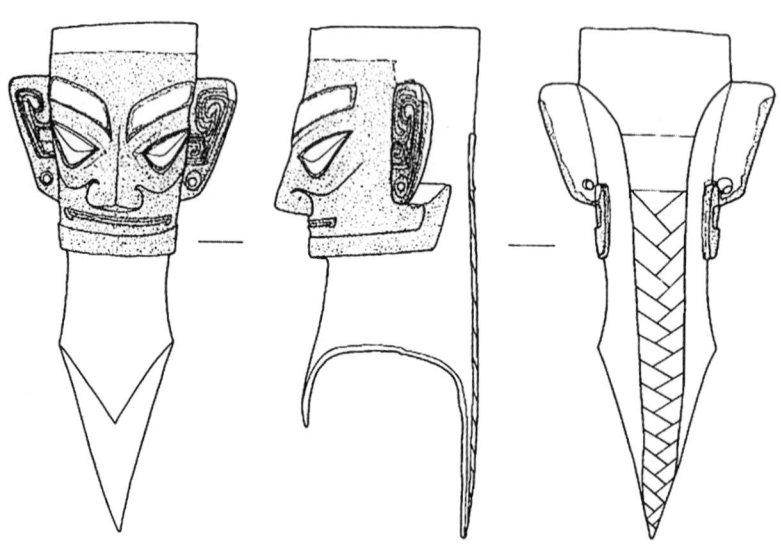

图3 三星堆2号坑出土戴金面罩青铜人头像线绘

006　　　　　　　　　　　　　　　　　　　　　　　　　　三星堆：青铜铸成的神话

图 5　三星堆 2 号坑出土青铜兽面线绘

身份的象征。金光灿烂的金面青铜人像，曾经为古蜀人隆重的祭典带来过不一样的光芒。

三星堆青铜器件上，特别是与人像相关的装饰上，常见有眼形装饰。仔细观察发现，青铜立人像的周身布满了眼形装饰，除了双眼兽面冠，下裳前后都有成组兽面装饰，均以环眼作为主要构图。在衮衣前后都有直行排列的眼目纹和成组横排的简化兽面纹，眼睛纹样成了立人外衣的主要装饰。布满眼目装饰的立人像，可以看成某种眼目的化身，这立人像是古蜀人奉行眼神崇拜的最好体现。

三星堆两个祭祀坑发现不少眼形装饰，青铜人面兽面上各类变化多样的眼睛造型（图 5），一些青铜人像身上的眼形装饰，还有大量单体的青铜眼形装饰，这是一种非常特别的艺术表现。如青铜神坛中部铸出的操蛇四力士像，它们双腿的外侧都有对称的眼形图案；在另一座青铜神坛顶端有一尊跪坐的人像，残存的双腿外侧也见到一双眼形图案；还有另一件小青铜人像的双腿外侧，同样也见到类似的眼形图案。这些青铜人像的双腿外侧都有相似的眼形图案装饰，它们的装束是如此的一致，具有同样特别的意义。

古蜀人对眼睛图形如此热衷表现，眼形对他们是非常重要的一个象征，眼睛崇拜在古代蜀人的精神世界中是一个核心所在。这种眼睛崇拜只是一种表象，人们崇拜的并不是单纯的眼睛，很可能目标是太阳。

我们知道萨满教中的天神同时也是太阳神，太阳神往往被刻画成眼睛形状。在诸多古代神话中，太阳被视为"天之眼"，太阳神称"天之眼睛"或"世界的眼睛"。日出日落，昼夜变化，四季更替，太阳给世界带来生命，给人类带来希望，太阳崇拜成为人类最普遍的信仰。在古蜀文明中存在大量反映太阳崇拜的艺术品，让我们看到蜀人崇日祭日风尚的许多细节。

值得注意的是，甲骨文和金文中的"蜀"字，是一只带着小卷尾的大眼睛，这个模样与三星堆青铜立人像冠式的侧视图相同，也与一些同时出土的兽面颔下附带的眼形相同，这会不会是"蜀"字的本意？它原本就是飞翔着的大眼睛，而不是传统认作的小小的蚕虫。

天是那样高远，人若是要与天神交流，情理上应当有条通道。古代中国神话设计的人神交流通道是高高的大树，树可参天。扶桑、若木和建木，正是古代中国神话中的神树，有的神树被认为是通天之梯。神树崇拜是古代世界共有的文化现象，先民们认为神树能连通天地，沟通人神。

古蜀人也有神树信仰，这神树不仅只是口耳相传，也不仅仅只是出现在有限的画面上，他们是用青铜造出了高大的神树。三星堆出土了8株青铜铸造的神树，推测是常设于宗庙用于隆重祭仪的通天神器，体现了古蜀人的宇宙观，也记录着他们的信仰。

三星堆出土的1号青铜神树形体最大，由底座、树枝干和龙体三部分组成，通高近4米。神树采用分段铸造工艺，是中国考古中发现的形体最大的青铜文物。树体分三层枝叶排布，每层横生三枝，枝端是一个花果，花果上站立一只鸟，一共是九枝九鸟（图6、7）。

在《山海经·大荒东经》中记有这样的神话："大荒之中，有山名曰孽摇頵羝。上有扶木，柱三百里，其叶如芥。有谷曰温源谷。汤谷上有扶木，一日方至，一日方出，皆载于乌。"

汤谷即为旸谷，也就是太阳谷，是太阳之家。这扶木也就是太阳树，太阳止在树行在天，都由太阳鸟载着。

图6　三星堆2号坑出土1号青铜神树线绘

图 7　三星堆 2 号坑出土 1 号青铜神树

图8 三星堆2号坑出土2号青铜神树

扶木或又写作扶桑,《山海经·海外东经》中说:"汤谷上有扶桑,十日所浴,在黑齿北。居水中,有大木,九日居下枝,一日居上枝。"扶桑树,是太阳树,是一棵神树。

也许这青铜树就是传说中的扶桑,是古代"十日"神话的情景再现。曾经有过的十个太阳,传说是帝俊与羲和的儿子,这十个太阳每天轮流上天当值,一个在天上当值时,另九个就在扶桑树上。三星堆青铜神树上有九只神鸟,它们就代表着九个轮休的太阳。这是一棵太阳树,树上行止太阳鸟,正契合了《山海经》中的神话传说。

三星堆另一棵2号青铜神树已成残体,有树座和主干,顶部残缺,可见枝端也立有铜鸟(图8)。神树三面各有一跪坐铜人像,守护着神树。其他还有一些小体量神树，枝端也见有立鸟。这样的神树，可能也是扶桑，都是太阳树。

我们容易忽略的是，隐在这神树上的还有一条神龙。绳索状的龙体蜿蜒在树干上，上尾下首，好似刚好从天而降。这其中的寓意还不能完全理解，但这龙的出现自然为神树增添了许多的神秘气息。

还有一株神树，呈双树连理并立之形，这也许就是传说中的天梯。《山海经·海内经》《淮南子》《吕氏春秋》中都提到传说中的建木，建木生天地之中，有百仞之高，众神缘之上下。这建木便是天梯，是沟通天地人神的桥梁，伏羲、黄帝等"众帝"都要由神树天梯上下往来于人神之间。

站立在青铜神树前，想一想古蜀时代创作神话艺术的工匠们，他们为制成这些高大的作品倾注的心力。自然也会想到，中国神话的许多篇章，原本是古蜀人的精彩奉献。

三星堆2号坑出土青铜器中，有一件神坛，原件形体虽然不大，复原出来却结构复杂，内涵十分丰富（图9）。

青铜神坛铸造精细，从下往上主要由兽形座、立人与山形座、斗形方盒几部分拼合而成。下层的兽形座底部为圆盘形，上立大头、长尾、四蹄、单翼的两尊神兽。中层的立人座底盘承托在神兽角与翅上，座上立四名持物的力士，力士面向四个不同的方向。往上是山形座，承托在四立人的头顶上，山形座上是斗形方盒，方盒每面铸五位持物的小立人，四角上端各有一只展翅的立鸟。方盒最上端还有一个收缩的接口，上面拼接的附件已失。结构复杂的神坛体量

图 9　三星堆 2 号坑出土青铜神坛（研究性复原）

并不大，推测可能是一个缩微小样。

这是一座可移动的神坛，是追随神灵而行走的创意。全器表现的是，依靠神兽力士的托举，已经登天的巫师正跪立在天神（很可能是太阳神）面前。是在祈求，还是在奉献？那就不得而知了。

上面提到的几类青铜制品，是古蜀风格的体现，是古蜀人营造神界的创意作品。三星堆还见到一些具有中原商文化风格的青铜礼器，如铜尊、铜罍与铜铃，从造型到纹饰都与中原所见雷同。它们有的可能是商的输入品，有的则是古蜀匠人的仿制品（图10—13）。

由这些带有明显中原风格的礼器，我们看到了商文化的远程辐射，这不仅是不同地区艺匠之间的交流，也是信仰认同的写照。

许多学者探讨古蜀与中原的关系，有一体论和分支论，在文化上古蜀发展起浓郁的区域特色，却也受到中原的强烈影响。由信仰体系而言，两者之间更是难分彼此，只是古蜀人在艺术表现上发挥得更为奇诡神秘。

古蜀王国是一个以神权为主导的社会，蜀人在神灵信仰中形成独特的仪式，有一种献祭仪式，是在祭仪完毕后将各种祭品毁弃并埋藏地下。人类给神灵献祭的，是人自己觉得最喜爱最宝贵的物品，觉得人最需要的一定也是神最需要的。古蜀遗址中出土的大量精美文物大多不具备实际生活用途，而与宗教祭祀活动密切相关。祭祀之频繁与祭品之丰富，体现了宗教祭仪在古蜀国社会活动中的深远影响。

我以为三星堆祭祀坑埋藏的是满满的古蜀时代智慧的结晶，那

图10 三星堆2号坑出土青铜铃

图 11 三星堆 2 号坑出土青铜圆尊

图12　三星堆2号坑出土青铜大鸟头

图13 三星堆2号坑出土青铜太阳形器

都是古蜀时代独特精彩的文创作品，是记录一个地区一个时代思想的优秀文化遗产。没有三星堆和金沙对古蜀文化的保存与发散，中国文化就少了许多活跃的动能，如同没有川菜川味，我们就谈不上品味中国滋味一样。

我想回过头来再评述一回三星堆遗址的埋藏。这一座宝藏虽然已经发现了快一个世纪，但我们对它的认识也许还只是处于初始阶段，因为这个发现还只露出来冰山一角。就在两个祭祀坑边，新近又发现了几个这样的坑，一定还有更多的发现在等待着发现者。对这些排列有序的器物祭祀坑，相信研究者再不会用外族入侵犁庭扫穴来定性，我确信这是一座古蜀王国的国家祭坛。

三星堆城中的这一座国家祭坛，是蜀王定期举行祭仪之所，是祭天或是祭地，还是天地合祭，这有待进一步研究。一次祭典留下至少一个埋藏坑，可能一年一祭，或者一位蜀王举行过至少一次。祭典很隆重，奉献也很贵重，这样的祭典举行也不可能太密集。也幸亏有这样的祭坛埋藏了这样多的艺术珍品，不然我们对古蜀文明的发达程度也就不会有准确的评价了。

人与神

三星堆青铜立人像
观瞻小记

　　青铜立人像，是三星堆出土最引人注目的文物。它光华熠熠、体势巍峨，它蕴意奇诡、气韵磅礴。对考古学家而言，它在中国古物中真是前所未见。它在意外中重新面世后，已经过去了 30 多年光景，却依然还是一个没有完全解开的谜。它或许是一代古蜀王的雕像，或者是古蜀时代某个神明的象征，它的身份也还没有最后的定论。

　　面对着这尊罕见的青铜立人像，对它的容颜与姿态，它的冠服与饰物，还有它的身份与职掌，学者们有过许多的解说。让我们来再一次端详这位"伟人"，看看是否能由一些细微之处寻找到真正的谜底。

一、稳步远眺　姿容庄严

青铜立人像出土于三星堆 2 号坑的中层，在它的脚下还有一个高台底座。立人像高 180 厘米，连台座通高达 261 厘米，全重 180 公斤有余（图 1）。它应是以 1∶1 的比例仿真铸造。如此巨大的青铜立人像，在中国商周时代出土器物中闻所未闻。立人像是分段浇铸，身躯、手臂和足底都见到接缝，出土时中空的体内还存有泥芯。立人像出土时已从腰下断为两截，上下分离，另有碎片若干。人像顶部和足下的方座也都有残损，是埋藏时被砸坏的结果。

远远望去，立人像体态修长，端正直立。双臂平抬，右腕稍高，左腕略低。双手均对握为环形，手形有明显夸大，手中原本应握有一物，原物已失，不明所以，有说为琮为象牙者，并无定论（图 2）。

近前观之，立人像虽有华丽的冠服，却是裸露十趾，跣足而处，两足左右平齐正立。它的足下是两层高台，下面是一个斗形方座，上面是四个连接为一体的兽首，兽首作细目翘鼻独角状。兽首的四角顶着一方形台盘，台盘四周饰有卷云连珠纹等。立人好似承受着四兽的托举，高高站立于这台盘之上，感觉基兆沉稳，坚劲有力。

仔细看一看立人的脸庞，它是头着高冠，刺簪束发；方面宽颐，鼻梁高隆；双唇紧闭，两耳外张；重眉舒展，清目极远。它在坚毅中显露出一种虔诚，和善中透射出一种肃穆，这是一种非常特别的表情。外角明显翘起的杏仁双目，虽是没有塑出明确的瞳仁，但却能让人感受到目光炯炯。由炯炯目光中进而又会感受到它神态专注，心无旁骛（图 3）。

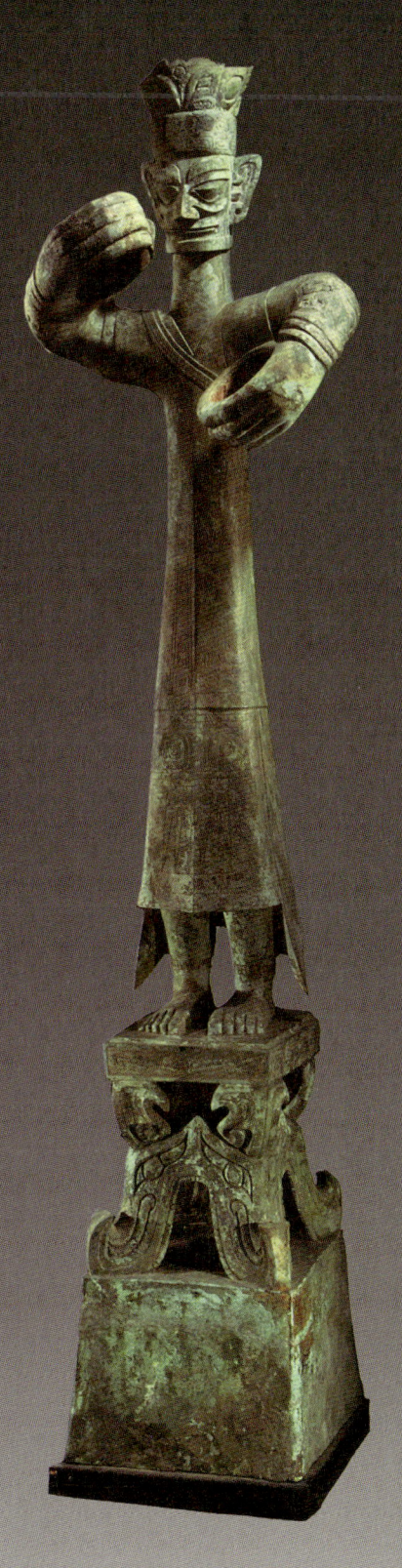

图 2　三星堆 2 号坑出土青铜立人像手势线绘

图 3　三星堆 2 号坑出土青铜立人像头部纹饰线绘

这尊铜像巍巍立定在恰以容足的高台上，双手握物，极目远眺，好似在奉献，又好似在默祷，气度庄重肃穆，神情祥和虔诚。

二、衮衣绣裳　华服巍冠

在三星堆出土的大量青铜人像中，大立人像的冠服最为华丽，冠服所饰纹样也最为繁缛。这虽是一尊古老沉静的青铜雕像，它衮衣绣裳的飘逸华美却透过斑驳锈色畅达地放射出来。那些细腻的刻划，将立人本体的高贵表露无遗。

立人身躯挺拔直立，身穿紧袖内服、半臂式外套和裙式下裳。内衣无领窄缘，长袖短摆，袖长及腕，摆平及胯，向右开衫，腋下系扣。外套为半臂短袖，袖口宽缘，衣摆稍长于内衣，向右开襟。下裳实为裙装，开为前后两片，前高后低，前片平齐过膝，后片叉分及足。

立人衣外还有一条大带，带作编织之形。大带沿外衣缘口左斜跨肩，两端于背后肩胛处结扎。这种斜挂的吊带别有风格，与横扎的腰带全然不同。

立人衣裳繁纹满饰，纹样构图取图案化形式，对称工整，有大块单元，也有连续小图，似为锦绣织物。半臂外衣纹样最精，纹样分为两组，以前后中线为界。前后中线构图相同，用相间的一旋一圆的眼形图案组成垂直纹饰带，将外衣中的图案分为左右两组。左侧一组为排列成方阵的4条龙纹，龙纹两两相背，龙吻龇咧上昂，

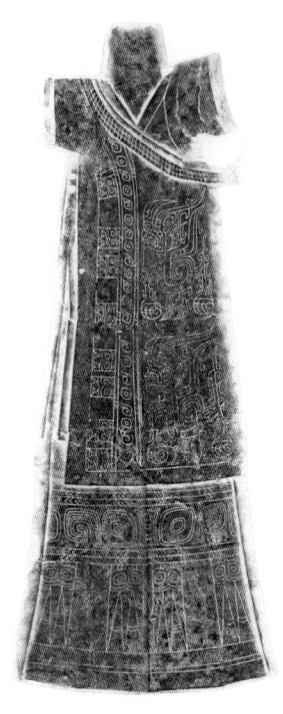 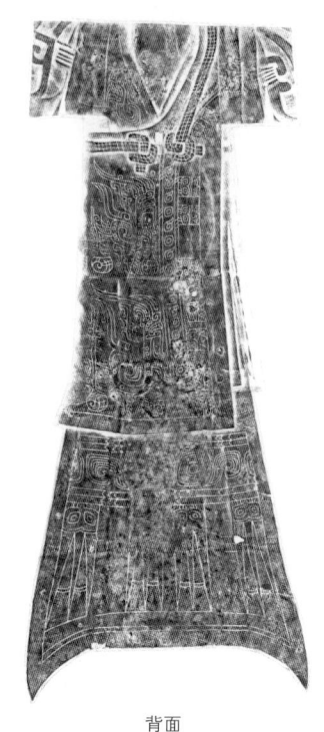

正面　　　　　　　　　　　背面

图4　三星堆2号坑出土青铜立人像拓片

龙爪紧握为拳，龙翅高展，龙鬣飞扬，迅雷疾风，威之武之。右侧一组为竖向平行排列的两排兽面纹，构图简约，稍见眉目而已，春煦秋阳，温之霭之（图4、5）。

内衫因隐于外衣之内，前后身见不到纹饰，可能为素衣，但出露的两臂位置却有镂空纹样显现。

下裳前后摆纹样雷同，纹分两段，均为兽面图像。上段为大眼兽面，主体为圆形双目，目眼间有鼻形图案。下段前后各有四张倒置兽面，兽面一般也是只表现双目，但戴有三齿高冠。这样子是兽是人，尚不能判定，非平常之人，亦非寻常之兽，面目并不狰狞，气势亦不张扬。

图 5　三星堆 2 号坑出土青铜立人像背面

华服之外，立人像身上可能还有过一些佩饰。在两耳下郭有佩戴饰物的透孔，在脑后存有插簪的斜孔，表明立人原本有简单的首饰。在手腕和足踝处，又分别见到环形装饰，可能表现的是手镯和足环。

立人头戴筒形高冠，冠分上下两层。下层饰回纹一周，纹作两排平行。上层为大眼兽面之形，仅为一对带眉毛的大眼睛，耳鼻均无。兽面双目中的两睛略为圆形，处在冠面两侧位置，眼形球体很大，大到涨出眼眶之外。立人像冠式为兽面冠，兽面的眉心有一圆形装饰，或以为是太阳象征。太阳是为天眼，兽面的双目与太阳图像同在，立人像冠可称为"天目冠"。由于立人像冠部小有残缺，以往或以为立人所戴为莲花形冠，以眼目形作莲瓣看待，与事实相去甚远，难为确证。

三、神耶王耶　身地高崇

面对着这尊巍然的青铜立人像，不论是学者还是观众，都会急于想知道它的身份。它会是谁的雕像呢？

观众各作猜想，学者纷纷论证。有人认为在小国寡民时代，古代君王具有多重身份，既是号令平民众生的一国之君，又是统领大小巫师的群巫之长，这尊立人像代表的可能是政权与教权合一的领袖，也即是蜀王兼群巫之长的形象。在有的学者眼中，立人穿着礼服，手奉祭器，似乎正在主持一次隆重的祭典。

也有学者认为立人像并非是古蜀人现实生活中的王者,而是宗庙内祭祀先王及上帝特设的偶像,他能沟通天地、传达神谕。如果他是神,又是什么神呢? 立人像的双手大得出奇,与身体不成比例,当时工匠为什么这样夸大铜人的双手? 有人推测立人双手原持一大琮,三代礼天用璧、祭地用琮,手持大琮当为祭地之神,是此,立人本身也就具有地神的性质。

令人们有些遗憾的是,和大立人相关的琮并没有在葬物坑中一起发现,他是不是地神,又是不是与祭地有关的巫,也就不得而知了。还有人以为立人手中紧握的可能是象牙,象牙应当是献祭所用贡品,是神灵喜爱的东西。与立人像同出的象牙数量倒是不少,不过真要是一根完整的大象牙,那重量一个人用双手并不能轻易地端举起来。这么说来,立人手中握举的物件究竟是什么,现在依然无法最后论定。

立人饰有四龙的外衣,古代称作衮衣。身着华彩衮龙袍服,立人地位一定显赫非凡。《说文》云:衮,天子享先王。且言衮衣上的一般卷龙绣于下裳,龙形要蟠曲向上。《周礼·司服》也说,"王之吉服,享先王则衮冕"。注家言衮衣就是卷龙衣,《诗·豳风·九罭》有句曰"我觏之子,衮衣绣裳"。如此看来,立人衣冠正是绣有卷龙之吉服,是为衮衣绣裳。古礼王者衮衣之龙首向上,而公侯之服绣龙的龙首则向下,立人衮衣上的四龙之形龙首向上,应为王者之服。进而言之,衮衣吉服为王者之服,立人像自然为王者之像,此像当为蜀王之像无疑(图6)。由此也可以看到,中原古代礼制文化对远方的蜀文化也曾产生过很大影响。

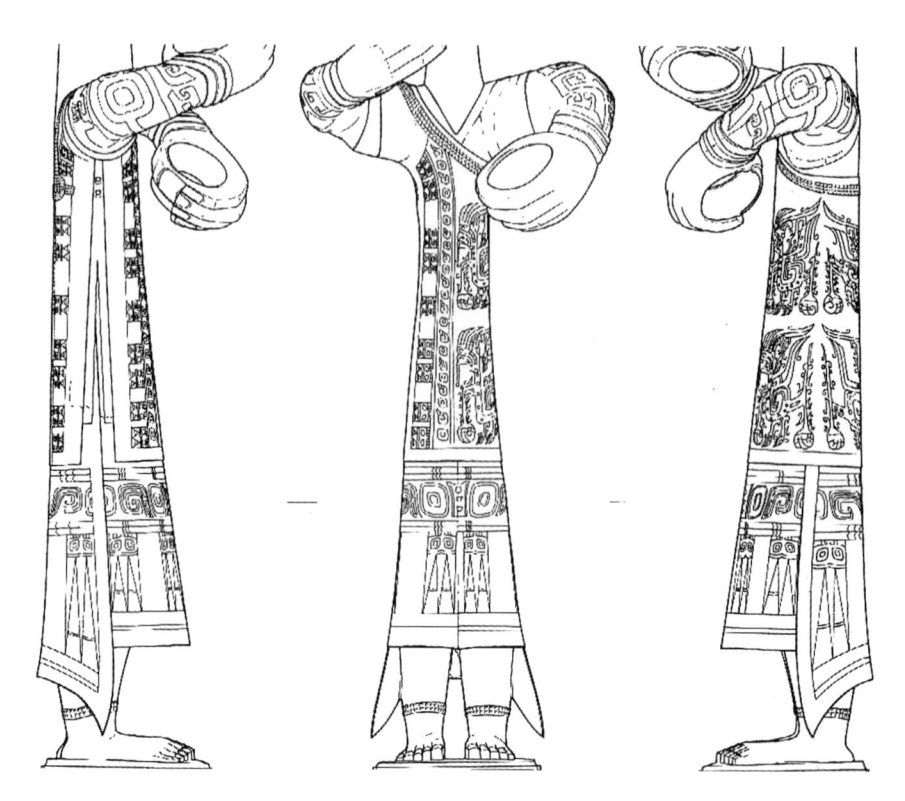

图6　三星堆2号坑出土青铜立人像衮衣卷龙饰

还有一个特别引人注目的现象是，立人像的周身布满了眼形装饰，除了双眼兽面冠，下裳前后都有成组兽面装饰，均以环眼作为主要构图。在衮衣前后都有直行排列的眼目纹和成组横排的简化兽面纹，眼睛纹样成了立人外衣的主要装饰。布满眼目装饰的立人像，简直可以看成某种眼目的化身，这立人像是古蜀人奉行眼睛崇拜的最好体现（图7、8）。

在三星堆葬物坑出土的文物中，每每见到的眼形装饰引人注目。且不说那些青铜人面兽面上各类变化多样的眼睛造型，更让人费思索的是青铜人像身上的眼形装饰和大量单体的青铜眼形装饰。三星

图7　三星堆2号坑出土青铜立人像下裳眼睛纹饰　　图8　三星堆2号坑出土青铜立人像下裳侧面眼睛纹饰

堆蜀人在他们所作青铜造像的衣服上（包括袍服、下裳），常常铸有成对的眼睛图形。在三星堆文物上眼睛造型更是一而再再而三地出现。这是一种让人感到非常特别的事。

三星堆青铜人首人面各类眼形自有独特之处，更值得关注的是大量单体眼形和装饰眼形的存在。它们原来可能是人面或兽面上的附件，由此更清楚地体现出古蜀人对眼睛图形的热情，表明眼形对他们是非常重要的一个象征，眼睛崇拜在古代蜀人的精神世界中是一个核心所在。这种眼睛崇拜只是一种表象，人们崇拜的并不是单纯的眼睛，应当是眼睛代表的另外的客体。

相关研究表明，在中原地区出土青铜器上，无身兽面纹的最原始形式，只是一对圆泡状乳钉，以表示兽面的双目，渊源可直溯到二里头文化，后来逐渐增添鼻角口耳眉，成为器官齐备的兽面。西周中期兽面纹出现向窃曲纹演变的趋向，兽面纹因此消失。窃曲纹不少还保留有眼目图形，所以又有学者称为变形兽面纹，是兽面纹的变体。眼目是兽面纹的主体，由于兽面纹一般其实只见有双目，它原本应当源自史前的眼睛崇拜。史前彩陶上有成对眼目纹，玉器上有成对眼目纹。新石器时代晚期已经有了标准的兽面纹，也有了兽面纹的简化形式——眼目纹。

上古时代为何对眼形图案有如此大的兴趣？有研究说萨满教中的天神同时也是太阳神，太阳神往往被刻画成眼睛形状，因为在诸多古代神话中，太阳被称为"天之眼"。如婆罗门教的太阳神，又称"天之眼睛"或"世界的眼睛"。青铜器上的兽面纹，当为天神或太阳神之属。兽面纹中对眼睛的强调，正是其作为光明的太阳神特征的描述。

那么，三星堆青铜立人戴着与太阳有关的天目冠，会不会与蜀人的太阳神崇拜有关？三星堆青铜器上的眼睛图形，它们所代表的客体会不会就是太阳呢？

有人从另外的角度论证青铜立人像应是太阳神的形象。先民们观知太阳与农作物的生长、成熟相关，太阳能给人带来光明、温暖，还能明辨善恶，洞察人间。所以在新石器时代太阳就被奉为丰产之神、保护之神，以及光明正大、明察秋毫之神。立人像的铸造就糅合进了传说中的太阳神形象，他的冠式如盛开的莲花，寓意头顶着太阳。在中原古史传说中是天帝少昊，少昊是商人的先祖，商人曾以太阳为名，奉太阳为神。从字意上看，少昊的昊从日从天，是一个头顶太阳的人。蜀人也可能是受了这种传说的影响，也崇拜太阳，所以将他们的蜀王塑造成了太阳神的形象。

我们也许真的可以这样说：立人像身穿衮衣，具有王者身份；又见它立于高台（祭台）之上，手握神器，同时又具有巫者身份。兼大巫、大王于一身，这也许是立人像的本来面目。

我们说立人像是王也好，是巫是神也罢，在蜀人而言，地位应是非常崇高，或者说是至高无上。但是研究者也注意到这样一个明显的事实，就是立人像在埋入坑内之前，已被拦腰折断为两截，冠部也受到过砸击。这不是正常的现象，发掘者的解释是，蜀国的政权发生了巨大变更，取得政权者将古蜀王所崇拜敬奉的神灵作为战利品献祭给天帝。也有人说，是因为异族的入侵，摧毁了蜀人的宗庙，将庙内包括立人像在内的神器与祭器全都埋到土里。还有人说，立人像是在蜀族联盟一次盛大盟誓活动后，与其他礼器一起埋入坑内的。这种种的解说，都各有道理，又互为反证，皆是疑信参半，一时不易辨明是与非。

我们曾经发掘到许多古代扑朔迷离的无头故事，我们也曾经无数次地连缀故事中那些残断的章节，无数次地去诠注故事的精髓，但有许多的努力却是无济于事的。尤其是当试图进入古代人们的精神世界的时候，我们会更加感到无能为力。面对古蜀人的这尊立人像，虽然尽力作出了种种解说，但是由于涉及蜀人精神世界的诸多方面，要做到自圆其说是非常困难的，我们的尴尬也就无处遁形了。

在中国考古史上，三星堆是个奇迹。在三星堆发现史上，青铜立人像更是个奇迹。我们也许永远都不能真正理解这个奇迹的意义，不能完全开解这个谜的谜底，但当我们站在它的面前时，我们会感受到从遥远的古蜀国传导来的自信与坚定，这已经足够了。

三星堆青铜立人像冠式的解读与复原

——兼说古蜀人的眼睛崇拜

四川广汉三星堆两个器物埋藏坑自 1986 年被发现以后，已过去 30 多年的时间。对两坑中出土器物的研究，吸引了不同学科的众多学者，研究取得了许多重要收获。其中 2 号坑的青铜立人像，是三星堆文物出土中最受研究者关注的对象。学者们对它进行过反复探讨，提出了种种解说，[1] 取得了不少成果，但是却远没有获得定论。实际上我们在急于进行总体诠释的过程中，常常忽略了一些细节问题，结论总觉得还有待完善。例如立人像的冠式，我们似乎还没有认真讨论过，现有的认识也较为含混，还没有确定的结论。本文便是想

---

1. 沈仲常：《三星堆二号祭祀坑青铜立人像初记》，《文物》1987 年 10 期。

由冠式入手，对三星堆青铜立人像作进一步探究。

三星堆青铜立人像的冠式，应当说是一个较为明朗的问题，只是因为冠顶局部残缺，所以至今还没有一个较为确定的解说。青铜立人像冠其实是一个非常明确的兽面形装饰，兽面仅有一对带眉毛的大眼睛，耳鼻嘴均无。这种兽眼形可能有特定的含义，它对解开青铜立人像之谜提供了一个很重要的线索。

一、天目冠——青铜立人像冠式的解读与复原

三星堆 2 号坑中的器物散乱地堆置在一起，许多青铜器还见到被有意砸损的痕迹。其中我们要讨论的青铜立人像，发掘中发现在当初埋藏时亦已被砸损，整体断裂为几截，与其他器物散乱地堆放在一起。青铜立人像出土后经过精心修复，整体形象基本完整，成为三星堆出土的体量较大的一件文物，十分引人注目。但是立人像也留下了一个缺憾，立人的冠顶局部已经残缺，后来也没能得到修复，发掘者也没有对它作复原研究。一些研究者对它的冠式虽然很有兴趣，但却究之不明，一直没有确定的结论。

原发掘报告中关于立人像冠式描述的要点是：立人像头戴冠，筒形冠上饰两周回纹，冠顶平齐，冠上前部饰变形的兽面，兽面两眉之间上部有一日晕纹，冠的边缘已被砸卷曲，部分已残缺无存。[1]

---

1. 四川省文物考古研究所：《三星堆祭祀坑》，文物出版社，1999 年。

图1　三星堆2号坑出土青铜立人像冠式拓本及复原样式

报告中不仅附有立人像图照，还有冠式的整体拓本（图1）。

对于这带有残缺的立人像的冠式，在不同研究者眼中有不同的成像，有一些不一致的说法。有的研究者认为立人像冠面是一轮带有芒线的太阳形象，也有人认为立人像冠式是一朵盛开的莲花，也是太阳的象征。[1]也还有一些其他的解释，如说冠上装饰的是羽毛之类的饰物等。[2]造成这些分歧的原因，是大家还没有对立人像的冠式作深入的复原研究。

从原报告中立人像的照片和线描图看，不太容易看出冠式的本来面貌。但细审原报告所附的立人像冠纹饰拓本，可以比较清楚地看出，冠面上本是一正形的兽面，这兽面就是两只紧相连接的大眼睛。因为由正面看不到兽面眼形中的两睛，所以不容易认定它是眼睛的形状，致使发掘报告说它是变形的兽面。兽面双目中的两睛略为圆形，处在冠面两侧位置，因两外眼角均已残缺，所以不容易辨认出眼形的整体形状。又因两眼内眼角正视如变化的眼形，这是发掘者认定冠面为变形兽面的依据，实际上所谓的变形兽面，只是半只眼睛而已，并不是兽面的全貌。

由原报告所附载的立人像冠面的拓片看，只须将冠面残损处的线条向外略作延伸，我们便能得到一双眼睛的整体图像。由复原的画面上可以非常清楚地看出，立人像冠的冠面上确实是一对大眼睛，这眼睛与器物坑中同时出土的一些单体青铜眼睛的形状基本相同。如原报告图一一四所绘的眼形，中间的眼球体很大，大到涨出眼眶外面，是一种颇具威严的瞋目。立人像冠面上兽眼中的眼球也涨出眼眶之外，由于外眦残缺，让人不易获得直接的印象，致使有的研究者将这眼球认作是盛开的两个莲瓣图形。现在我们完全可以确认，青铜立人像冠的冠式是一种兽面冠，兽面冠仅表现有眉有目的兽面，

---

1. 林巳奈夫：《中国古代的日晕与神话图像》，《三星堆与巴蜀文化》，巴蜀书社，1993年。
2. 赵殿增：《三星堆祭祀坑文物研究》，《三星堆与巴蜀文化》，巴蜀书社，1993年。

图2　三星堆2号坑出土青铜立人像冠的两种复原样式

应当具有特定的象征意义。

我们看到三星堆出土的单体眼形饰件，有一种是内外眼眦都作回折的勾曲状，在同时出土的其他一些青铜兽面上也见到这样的眼形。立人像冠兽面的双目应为不作勾曲的两头尖形状，为一种梭形眼，它的内眦是正常的尖形，残缺的外眦也应是如此。

在确定立人像冠面的眼形为两端尖的梭形眼以后，我们还要进一步考究双眼上眼眉的样式。第一种可能是，眼眉是顺着上眼睑平行上翘，与外眼眦的长度相当，在一些同出的青铜头像和面具上都能见到这样的眼眉（图2a）。第二种可能是，外展的眉尖略向上卷曲，因为有些青铜兽面的眉形就是这个样子（图2b）。我们倾向于前一种复原方式，立人像冠上的眼眉以不作勾曲的样式可能性较大，这样冠顶大体还是平齐的样子，与立人像整体风格保持一致。

我们还特别注意到冠上兽面的眉心有一圆形装饰，原发掘者认作是日晕，此说可从，权作是太阳的象征。太阳是为天眼，兽面的双目与太阳图像似应作一体观，所以可称为"天眼冠"或"天目冠"。如此看来，立人像冠的冠式当反映有太阳崇拜的古风。对于这个问题，后面还要再作议论。

二、眼形谱——古蜀人随处可见的眼睛崇拜

在三星堆葬物坑出土的文物中，常常见到的眼形装饰深深吸引了一些研究者。且不说那些青铜人面兽面上各类变化多样的眼睛造型，更让人费思索的是青铜人像身上的眼形装饰和大量单体的青铜眼形装饰（图3）。先此林向、赵殿增等诸先生对三星堆文物上的眼形多有高论，[1] 许多学者都很关注这个问题的讨论。我也曾深为这些眼形图像所感动，也曾拟作"点检三星眼"，要将这些眼形事象梳理一番，可惜未及成稿。

三星堆蜀人在他们所作青铜造像的衣服上（包括袍服、下裳），常常铸有成对的眼睛图形，在三星堆文物上眼睛造型更是一而再而三地出现，这是一种让人感到非常特别的事象。如青铜神坛中部

---

1. 林向：《三星堆青铜艺术的人物造型研究》，《四川大学考古专业创建四十周年暨冯汉骥教授百年诞辰纪念文集》，四川大学出版社，2001年；赵殿增：《三星堆祭祀坑文物研究》，《三星堆与巴蜀文化》，巴蜀书社，1993年。

图3 三星堆2号坑出土青铜眼形器

图4　青铜人像衣装上的眼形饰

铸出的操蛇四力士像（图4），它们双腿的外侧都有对称的眼形图案（a）；在另一座青铜神坛顶端有一尊跪坐的人像，残存的双腿外侧也见到一双眼形图案（b）；还有另一件小青铜人像的双腿外侧，同样也见到类似的眼形图案（c）。这些青铜人像的双腿外侧都有相似的眼形图案装饰，它们的装束是如此的一致，理应具有同样特别的意义。遗憾的是我们一时还无法完全解开这个谜，不知道这些力士们原本的身份是什么。

三星堆大量见到的青铜人像和面具上的眼形样式大体一致，基本都是杏仁式眼，而且无论大小，除极个别例证外，基本没有特别表现出眼仁。这种无睛之眼让研究者们不得其解，不知该由艺术表现方式还是由其他方面进行解释。青铜兽面的眼式有明显不同，有长形的也有圆形的，眼中一般都有明确的眼仁，眼仁的形状也互有区别。各种眼形里可能包含有特别的内容，这些也都暂且不能有明晰的解说。

三星堆青铜人首人面各类眼形自有独特之处，更值得关注的是大量单体眼和装饰眼的存在。它们原来可能是人面或兽面上的附件，由此更清楚地体现出古蜀人对眼睛图形的热情，表明眼形对他们是非常重要的一个象征。许多论者都讨论了这个问题，这里就不再细述了。对于三星堆这些眼形过去的讨论多集中在那些凸眼的青铜面具上，多认为与蜀人纵目的传说有关，而对其他眼式的意义较少理论，这是因为现在要作深入探讨也有一定难度。

我们再细看看青铜立人像，其实在它的周身也布满了眼形装饰，除了双眼兽面冠——天目冠，长袍下摆前后都有成组兽面装饰，均以环眼作主要构图。在半臂罩衣前后都有直行排列的眼目纹和成组横排的简化兽面纹，眼睛纹样成了立人外衣的主要装饰。立人四龙八眼立座上龙（象？）眼形状与冠上眼形相同，均为两角尖而不曲的造型。布满眼目装饰的青铜立人，简直可以看成某种眼目的化身。或者换一句话说，这立人像是古蜀人崇拜眼睛的最好体现。

由上所述，眼睛崇拜在古代蜀人的精神世界中是一个核心所在。当然这种眼睛崇拜只是一种表象，人们崇拜的并不是单纯的眼睛，而是眼睛代表的另外的客体。那么，这个客体是什么呢？

三、饕餮纹：一个也许要纠正的历史误会

商周青铜器上大量见到的兽面纹，通常被认作是饕餮的形象，在许多考古学论著中称为"饕餮纹"。饕餮原以贪吃定义，杜预注《左传》说，贪财为饕，贪食为餮。其实青铜器上的兽面多数并不能以贪食作解，作为礼器上的兽面装饰，究竟是劝人戒贪还是劝神戒贪，好像都不是。礼器中盛着敬献给神的祭品，又去警告神不要太过于贪食，道理上不通。青铜器上的大多数兽面，仅仅只是表现双眼，很少出现大嘴巴，鼻子以下一无所见，无嘴又从何言贪食？

宋人《宣和博古图》最先称青铜器兽面为饕餮，根据是《吕氏春秋·先识》中"周鼎著饕餮，有首无身"一语。因为商周青铜器上所铸纹饰，很多确实是"有首无身"，所以便都被认作是饕餮。宋人并且还要解释说，铸饕餮的目的是"所以示戒也"，这可能是一个误会。其实兽面纹表现的并不是贪，而是一种威势与勇力，所以不能一概称为饕餮。何况铜器上还有不少带身体的兽形图案，是有首又有身，它们并不能排除在"饕餮"之外。实际上无身者只是有身者的简化图像，要将它们区分为两样不相干的图像是很困难的。

李济先生（1972年）不赞成用"饕餮"这个名称，将青铜器上的这类纹饰总称为"动物面"。[1] 张光直先生（1973年）则称为"兽

---

1. 李济、万家宝：《殷墟出土伍拾叁件青铜容器之研究》，"中研院"历史语言研究所，1972年。

头纹"，有单头和连身之分。[1] 马承源先生（1984年）径称为"兽面纹"，以角的区别划分类型。[2] 陈公柔、张长寿先生（1990年）进行研究时亦以"兽面纹"作名称，[3] 不再使用"饕餮纹"一词。虽然如此，在许多论著中涉及青铜器纹饰时，仍然在使用"饕餮"这个名称，仍然以饕餮之名定义兽面纹。

在青铜器上的兽面纹中，也许确有《吕氏春秋》提到的饕餮，但是我们不能因此将所有的兽面纹都视为饕餮。我们注意到，《三星堆祭祀坑》报告的编撰者没有使用"饕餮纹"一词，而是以"兽面纹"描述青铜器上的纹饰。三星堆多数青铜兽面纹都不宜归入饕餮纹，青铜立人像冠上的眼形自然不能称为饕餮，它是兽面纹。

据陈公柔和张长寿先生研究，无身兽面纹的最原始形式，只是一对圆泡状乳钉，以表示兽面的双目，渊源可直溯到二里头文化，后来逐渐增添鼻角口耳眉，成为器官齐备的兽面。西周中期兽面纹出现向窃曲纹演变的趋向，兽面纹因此消失。窃曲纹不少还保留有眼目图形，所以又有学者称为变形兽面纹，是兽面纹的变体。[4]

眼目是兽面纹的主体，由于兽面纹一般其实只见有双目，它原本应当源自史前的眼睛崇拜。史前彩陶上有成对眼目纹，玉器上有成对眼目纹。新石器时代晚期已经有了标准的兽面纹，也有了兽面

---

1. 张光直：《商周青铜器与铭文的综合研究》，"中研院"历史语言研究所，1973年。
2. 马承源：《商周青铜器纹饰综述》，《商周青铜器纹饰》，文物出版社，1984年。
3. 陈公柔、张长寿：《殷周青铜容器上的兽面纹断代研究》，《西周青铜器分期断代研究》，文物出版社，1999年。
4. 陈公柔、张长寿：《殷周青铜容器上的兽面纹断代研究》，《西周青铜器分期断代研究》，文物出版社，1999年。

纹的简化形式——眼目纹。

据汤惠生先生（1999年）研究，萨满教中的天神同时也是太阳神，太阳神往往被绘制成眼睛状，因为在诸多古代神话中，太阳被称为"天之眼"。如婆罗门教的太阳神，又称"天之眼睛"或"世界的眼睛"。他认为饕餮纹并不仅仅是一种兽面纹，饕餮当为天神或太阳神之属。[1]日本学者林巳奈夫注意到二者实为一体：饕餮（帝）是从太阳那里继承了传统而表现为图像的东西。饕餮纹中对眼睛的强调，正是其作为太阳神—光明—特征的描述。[2]

那么，三星堆青铜立人戴着与太阳有关的天目冠，会不会与蜀人的太阳神崇拜有关？三星堆青铜器上的眼睛图形，它们所代表的客体会不会就是太阳呢？

另外值得注意的是，甲骨文和金文中的"蜀"字，是一只带着小卷尾的大眼睛。这个模样与三星堆立人像冠式的侧视图相同，也与一些同时出土的兽面颌下附带的眼形相同，这会不会是"蜀"字的本意？它原本就是飞翔着的大眼睛，而不是传统认作的蚕虫。

1. 汤惠生、张文华：《青海岩画》，科学出版社，2001年。
2. 林巳奈夫：《中国古代的日晕与神话图像》，《三星堆与巴蜀文化》，巴蜀书社，1993年。

我有高冠通天去

——三星堆3号坑出土"立发人"青铜像

三星堆的发掘，收获精彩不断，刚又披露了许多新发现，一件特别的青铜人头像也包括在内。说它特别，不是因为五官的新奇，而是因为它头顶上高耸的"发式"。发丝整齐地高高立起，再往后折下垂，这样的造型前所未见（图1）。

三星堆以往发现的雕像众多，发式各式各样，编发盘发都能见到。而这一件雕像，却是头顶齐发冲天，所以媒体报道时称为"立发人"。这样的观察与定名当然并不准确，值得作进一步探讨。

这件青铜人像体量并不大，头部形态直观可以获得明确的印象，那直立的发式其实是它的一顶高冠。出土时略有开裂变形，经过简单的图形修复，更加能确认它就是一顶高冠。从侧面观察，高冠立于头

图1　三星堆3号坑出土青铜立发人像

顶,下面带有宽大的帽檐,冠顶高出头顶近2个头的高度,在顶上向头后平折,垂于脑后。这顶样式特别的高冠雕像,在三星堆是首次发现。那被认作是头发的平行凸棱,其实是高冠的10多条突起,它应当是高冠制作留下的一个技术特征,我们暂可称为平行纵梁(图2、3)。

虽然在三星堆是首次发现,但在其他区域考古确有过同类冠式的人神雕像出土。最先让人想到的是江西新干大洋洲商墓的一件玉雕神面像,这是一件平面雕刻神像。神像有4颗獠牙,头上高冠高近一头,平顶后卷。冠面凸起10多条平行纵梁,感觉与三星堆的高冠非常相像(图4)。

新干这件玉雕神面像以墓葬的时代认定,是属于商代,但制作工艺与造型并不是商代特点,它更可能是石家河或后石家河文化的遗物。几年前在石家河出土的玉器中,见到一件条形的小饰件,我分

图2 三星堆3号坑出土青铜立发人像原貌推测

图3 三星堆3号坑出土青铜立发人像侧视

我有高冠通天去

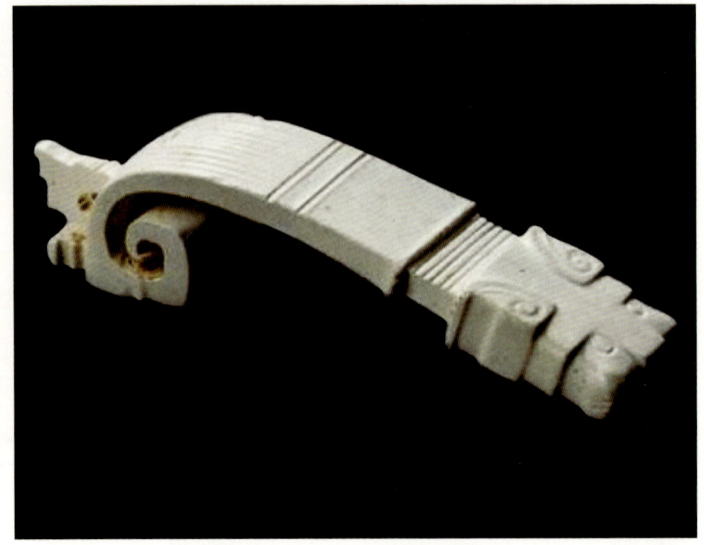

图4　江西新干大洋洲商墓出土玉雕神面像　　图5　湖北天门石家河出土玉冠饰

析它是神像的高冠，找出一件大小相若的玉神像拼接为一体，感觉非常合式（图5）。高冠上雕出虎面，也见到10多条纵梁，这让我们确认在大石家河文化时期，这种高冠已经出现，这要早出三星堆近1000年的时间。

我们注意到早年流散在国外的一些带獠牙特点的玉神面，有若干件是高冠造型，而且都是带平行纵梁的样式。研究者一般也都将它们归入大石家河文化，这是时代特征非常明显的一种古代冠式（图6、7）。

这种类似的高冠，一直沿用到了历史时期，古代文献中称之为"通天冠"。过去相关研究者注意到通天冠，指出春秋时期各诸侯国

图 6　美国国家博物馆藏玉神面

图 7　加拿大安大略博物馆藏玉两面神像

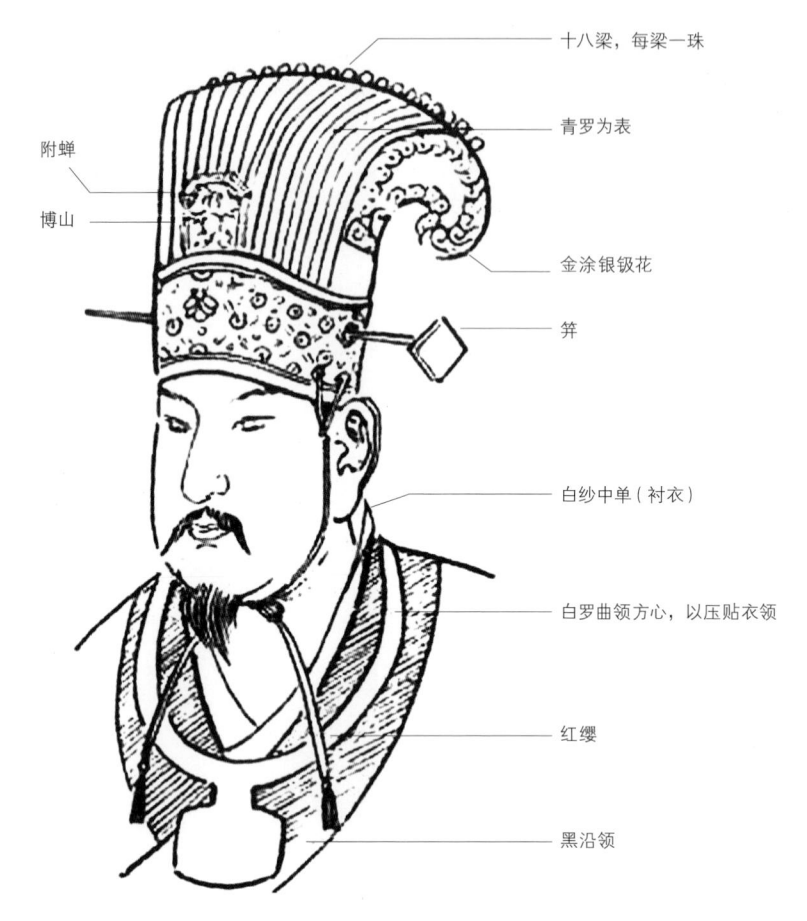

图8　古代通天冠结构

出现了许多奇特的高冠，如楚国就有通天冠和切云冠，齐国有巨冠等。有研究认为楚庄王通梁组缨形似通天冠，秦时采楚冠之制兴通天冠，为王所常服。杜佑《通典·礼志》说："秦制通天冠，其状遗失。"后代亦有创制，形状改变不大，以高为度（图8）。

通天冠在古时也称高山冠，其形如山，正面直竖，用铁作平行

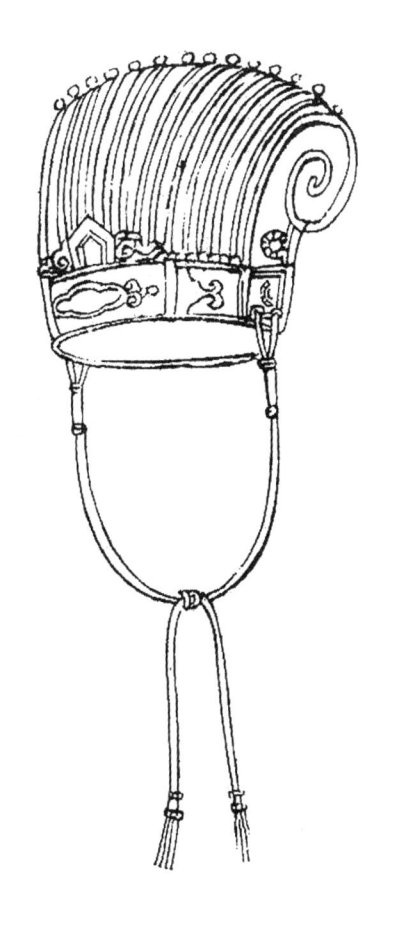

图 9　古代通天冠

冠梁。《后汉书·舆服志下》说,"通天冠,高九寸,正竖,顶少邪（斜）却,乃直下为铁卷梁",说这是帝王常服之制。汉代百官月正朝贺时,天子戴通天冠。唐代通天冠,增为 24 梁,重量也会有明显增加（图 9）。

　　谈论这通天冠,想到唐代李白《君马黄》诗,诗中有句"长剑既照曜，高冠何赩赫。各有千金裘，俱为五侯客"。贵为五侯客，高冠游冶，也很得意，当然这是比不上皇帝之冠的吧。

为何要戴高冠？现代社会中厨师帽子最高，职业所在，当然不可与皇冠同日而语。古人以为高冠能够通天，若是戴上一顶高冠，自己便可以拥有通神的能力。一朝一代的皇帝们，他们要用这样的高冠显示能量，有没有人通过神并不知道，但自以为有这本事也可以算是一种荣耀吧。

三星堆的这尊高冠雕像，是否为通神之人的写真像呢？觉得未必不是，我们可以暂时设想他曾经被赋予过这样崇高的使命吧。当然更重要的是，这高冠雕像的发现，让我们看到了三星堆人的精神世界里，还有来自东面两湖地区的信仰元素，也让我们看到大石家河文化的强大张力。如果细心数一数，三星堆人的高冠纵梁是16条，而石家河人的高冠纵梁也有16条的，影响的细节没有走样。我们还可以推测这种影响一定早于三星堆时期，今后一定会寻找到更多相关证据。

三星堆 3 号坑出土青铜顶尊跪姿人像观瞻小记

三星堆新见 6 座祭祀坑的发掘，已经进入收获硕果的时候。在最近的三星堆考古发现全球推介会上，青铜顶尊跪姿人像被选为首件重器隆重发布。这件器物出土于四川省文物考古研究院和上海大学文学院联合发掘的 3 号坑中，这也是现在所知埋藏器物最为丰富的一座坑。

三星堆 3 号坑的坑容较大，埋藏品数量较多，主要是长短不一的象牙和各式各样的青铜器。青铜顶尊跪姿人像出土于坑内南部，发掘中刚一露头就引起关注。清理叠压的象牙后，它的全貌才基本呈现出来（图1）。

这一件青铜顶尊跪姿人像，器形体量高大，通高约115厘米，

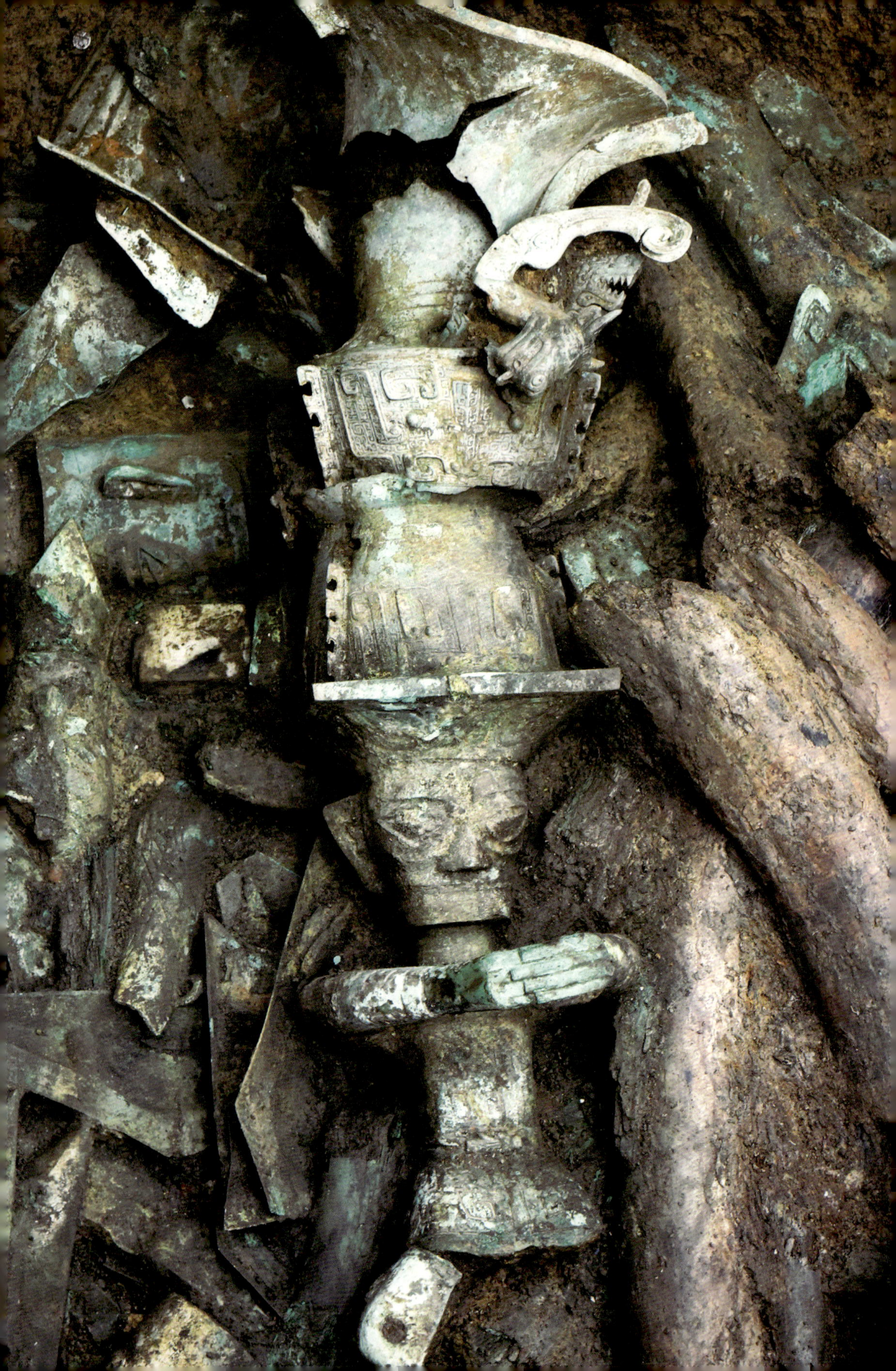

图1（左图） 三星堆3号坑出土青铜顶尊跪姿人像

图2（右图） 三星堆3号坑出土青铜顶尊跪姿人像

由上下两部分组成：上部为一件高约55厘米的大口尊，下部为一尊跪姿人像，人像高约60厘米。这个样子若是竖立起来，巍巍然，屹屹然，一定壮观非常（图2）。以下就以这上下两部分的架构，作一些细致观察分析。

一、关于铜人像

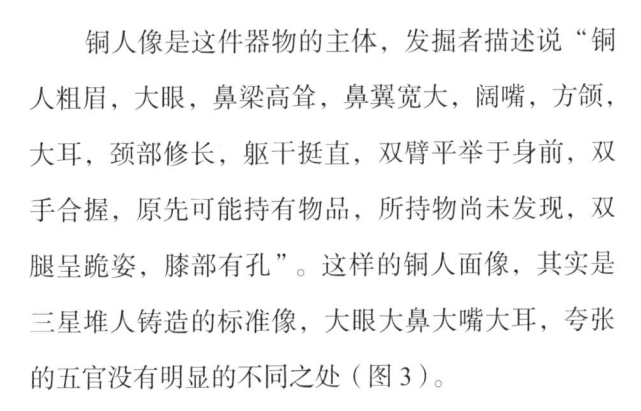

铜人像是这件器物的主体，发掘者描述说"铜人粗眉，大眼，鼻梁高耸，鼻翼宽大，阔嘴，方颌，大耳，颈部修长，躯干挺直，双臂平举于身前，双手合握，原先可能持有物品，所持物尚未发现，双腿呈跪姿，膝部有孔"。这样的铜人面像，其实是三星堆人铸造的标准像，大眼大鼻大嘴大耳，夸张的五官没有明显的不同之处（图3）。

但铜人像的手势却是非常特别，双手合围，右手在里，左手在外，作拱手环握状，似握物又不能肯定握何物。也许是一种空拳环握姿势，表示一种特别的敬意（图4）。

更重要的是铜人像的跪姿，这比起手势更显出敬重的意义。人像双腿分开，双膝跪立，以这样的姿势出现，恭敬与肃穆的心境立时表露出来。左

图 3　三星堆 3 号坑出土青铜顶尊跪姿人像面部

图 4　三星堆 3 号坑出土青铜顶尊跪姿人像手势

腿已经远离原位，右腿也与身躯裂开有缝隙（图 5）。人际尊卑之间，卑者跪尊者，在古时是规范仪礼，这种仪礼规范最早可能就出现在人神之间人的礼敬方式。以往三星堆出土多件跪姿铜人像，表明跪姿在当时是非常流行的礼敬方式，或者说是一种标准的礼

图 5　三星堆 3 号坑出土青铜顶尊跪姿人像跪姿

敬方式（图 6）。

　　铜人像头部戴冠，方方正正，是一种不多见的平顶冠。它这个平顶，很容易让人误解，甚至会觉得与铜人之冠无关。冠面上有眼形类纹饰，我过去称之为天目冠，只是这个是平顶冠，有明显不同（图 7）。

图 6　三星堆 1 号坑出土青铜跪姿人像

图7 三星堆3号坑出土青铜顶尊跪姿人像平顶冠　　图8 三星堆3号坑出土青铜顶尊跪姿人像衣裳

  铜人有衣有裳，上身是长袖对襟短褐，衣见几何云纹。腰中系带二周，束结于腹前，显得相当精神。下裳开叉，先前误以为是短裙，裤管上饰有眼形纹，与以往出土的小铜人相似。前襟左右所见云纹为一正一反的"S"形对称样式，是织品或是绣品尚不能认定（图8），衣袖和裤腿上都有纹饰，可见不是裸装。这装扮与先前见到的小铜立人像相同，纹饰风格一致，像个勇士模样（图9）。

  这里又一次出现了裤子，历史上何时有了它，又是谁发明了它，我们又有了新的讨论空间。

  礼仪之邦，衣冠楚楚，由这铜人像的装扮可知，古蜀时代贵族

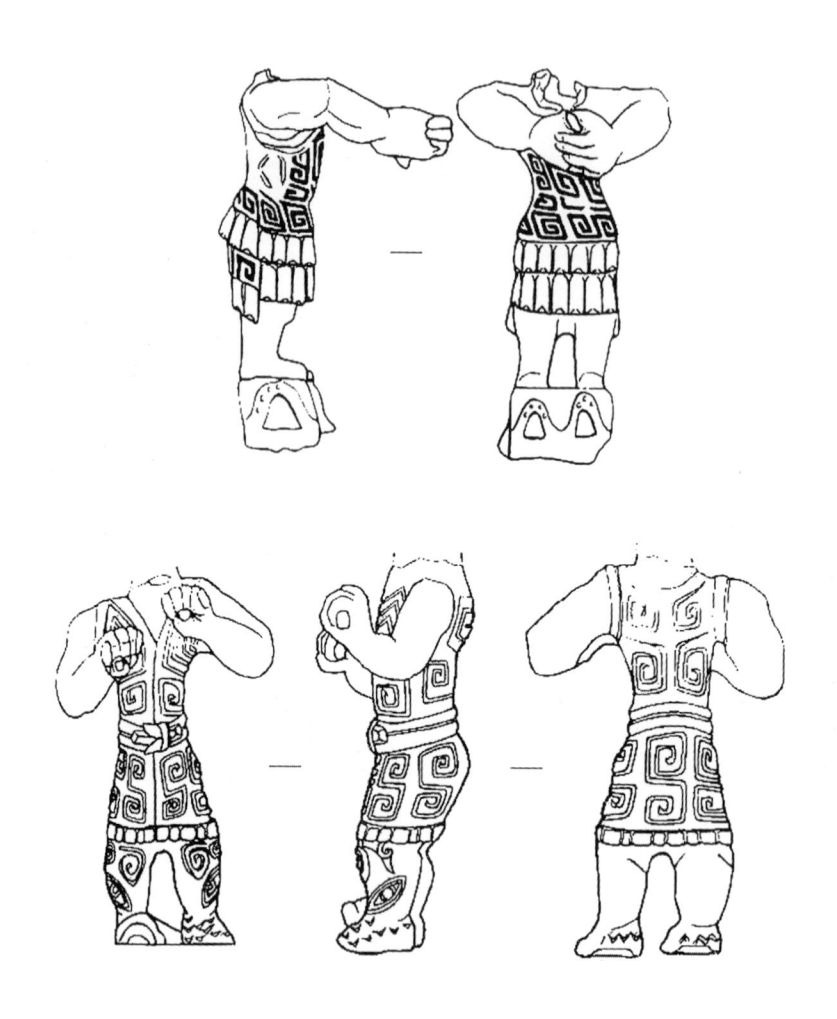

图 9　三星堆 2 号坑出土小铜立人像线绘

阶层已经开始享受着天府安逸精致的生活。

　　由过去发现的那件小型铜顶尊人像看来，这一件顶尊人下面还应当有个底座，不会直接跪在地面上，我们期待后续的发掘能找到相关证据（图 10）。

图 10　三星堆 3 号坑出土青铜顶尊人像腿部断裂处

二、关于铜尊

  三星堆以往和本次发掘中出土铜尊很多，体量也都比较大。这个被顶着的铜尊，与以往出土的大尊形制雷同；细部的异同，需等待发掘完成后的观察与描述作进一步的认定。发掘者现在对上部铜尊的描述是"方唇，敞口，长颈微束，窄斜肩，直腹斜收，腹部近圈足处内弧，高圈足外撇，近底处微内弧"。这还是一件圆口圆体圈足尊，尊体有破损，口颈处断裂。尊腹与圈足均铸有兽面纹，兽面之间有扉棱作隔断（图 11）。

图 11 顶尊之尊

另外，与以往所见铜尊有明显不同的是，"肩部有立体龙形装饰，分两种：一种位于腹部兽面纹正中，牛首，口出小环，似系挂它物，直颈，胸部以短柱连接铜尊，躯干反翘，两侧有翼，尾部内

图 12　铜尊上的龙形

卷；一种位置对应腹部扉棱，兽首，口大张，利齿外露，短颈，前爪搭于铜尊肩腹交界处，躯干反翘，贴附铜尊颈部呈扉棱状，饰曲折纹"（图 12）。

铜尊肩部龙形装饰的数量也值得注意：发掘者判断两种形象的龙形装饰应各有三件，共为六件，如是这样可以称作六龙尊，是用蜀人风格的构件改造的一件铜尊。过去三星堆出土过龙虎尊，但龙形是浮塑的形式，与这种附加的焊接装饰并不相同。

特别要注意的是，铜尊口沿内见到两个柱状部件，表明它的上部还有延伸，或者至少还有一个顶盖，这也是后期发掘中需要注意观察的。

三、关于全器的制作

这一次 3 号坑发现的青铜顶尊跪姿人像分铜尊与人像上下两部分，两部分分别铸造后焊接为一体，发掘者在铜尊圈足与铜人冠顶之间观察到明显焊接

图13 铜尊与铜人冠顶的接合部

痕迹（图13）。

　　以发掘者贴近的观察，铜尊圈足连接着一方形平板，平板下侧内收，连接铜人头部。可能的情形是，工匠给铜人设计的就是一个平顶冠，这是预设的与铜尊合体的部位。

　　有些意外的是，根据发掘者的观察，铜尊上的兽面纹与扉棱出现残缺现象，由此推断铜尊圈足曾被人为截短，他们说尚不知为何要有这样的操作。铜尊的圈足截去的也不会太多，应当与降低全器的高度无关。从图片上观察，铜尊圈足的直径与冠顶的边长大体吻合，设若没有截短之前，约略外侈的圈足直径应当是大于冠顶的，为着弥补这个设计问题，只有截去铜尊圈足一部分。解决了这个设计问题，却又留下了一个遗憾，铜尊也就不完整了。

铜尊还见到其他一些焊接痕迹。口沿内侧短柱和肩部龙形装饰，也都是单独铸造后焊接到尊体上的，在相应的连接处都留下明显的焊接痕迹。

三星堆过去在2号坑中发现的一件小型青铜顶尊人器座，那个尊只是一个很小的模型，人形与尊体连体铸成，然后与底座焊接在一起。这次却是用的一个真的铜尊，体量与同时见到的铜尊相类，先铸成尊，或者是选取一件现成的尊，与后铸成的铜人再焊接在一起。

当然铜人也不是一次铸成，发掘者说铜人躯干、双臂与双腿为分别铸造后焊接而成，"铜人肩部、股部均发现明显的焊接痕迹"。人体形态较为复杂，整体铸造难度很大，掌握了焊接技术，分铸后再焊接组装就便利得多了。分铸，焊接组装，有基本的核心设计，特别是人形的设计，躯干与四肢都分铸再组装而成，使铸造过程变得更加容易。

现在的分析结果是，这件顶尊人全器其实还并不完整，上没到顶，下没到底，它全貌的原真形态还要等待未来完成发掘后的最终观察。

四、关于青铜顶尊跪姿人像的认知

发掘者注意到，青铜顶尊跪姿人像在三星堆遗址并非第一次发现，1986 年 2 号坑发现的铜喇叭座顶尊跪姿人像即是一例（图 14）。只是人头上顶着的尊为模型，体量很小，人与尊连为一体。这次发现用原大的铜尊制作的顶尊人像，让我们再次确认三星堆人在祭仪中一定有这样的场景出现。

发掘者推断，"考虑到三星堆遗址出土的尊、罍等青铜容器中多发现海贝、玉器等贵重物品，以真人头顶铜尊，或有古蜀权贵阶层炫耀财富、彰显权威的寓意"。许杰先生也曾经指出，"头顶容器的跪姿人像可以说明祭祀时青铜容器的一种使用方式"。[1] 这次的新发现实证了他的推断。头顶重器，尤其是以跪姿表示尊重，这可能是三星堆人礼敬神灵的标准姿势。

顶尊者的性别也曾经受到研究者的关注，许杰先生在前揭论文中说："跪姿人像另一个显著特征是其上身裸露，双乳突出，或是意欲彰显其为女性。对性别细节的强调与头像和面具所表现的泛化特征形成了鲜明对比。这是否意味着某些头像和面具原本安装在女性躯体之上？女性是否在三星堆祭祀中扮演着重要角色？"这个讨论非常有意义，不过许先生也注意到，"由于此尊跪姿人像是目前唯一存留的明显具有女性特征的塑像，对于上述问题的解答尚需更多的考古实证"。我们注意到这次新发现的顶尊跪坐人像却是表现穿着

---

[1]. 许杰：《三星堆塑像的重现与解读》，"美成在久"公众号 2021 年 4 月 22 日推文。

图 14　三星堆 2 号坑出土青铜喇叭座顶尊跪姿人像

上衣的，也没有明确的女性特征，所以还不能认定顶尊祭仪是女性的独有行为。

酒、玉，还有海贝，都可以盛贮在铜尊里，也都可以作为祭品奉献给神灵。我们在现场看到，有的破损铜器附近散布着大量海贝，表明这样的铜器可能就是贮贝器之类。

你有一尊玉，我有一尊酒，且歌且舞，虔诚敬尊神，可以想象祭祀场上可能出现这样的情景。见到三星堆以往出土的顶尊人铜像，我在2010年12月27日的博文中写过几句话，它对于理解新发现的这件顶尊人像也是有意义的。我将这些文字附录在此，作为本文的结尾，原题作《我的天尊——三星堆古蜀顶尊人器座》：

谢上苍滋润的雨 / 美酒盛满大尊

谢太阳温暖的光 / 玉帛堆满江浔

扶持头顶的大尊 / 带着满腔的虔诚

静静地跪在你面前 / 奉享我敬畏的天尊

（感谢现场摄影余嘉、徐斐宏、黄砾苇。部分图片采自四川省文物考古研究院：《三星堆出土文物全记录》，天地出版社，2009年。）

古蜀人的模样

几千年时光过去，在天府之国生活过的古蜀人，除了王族贵族，还有大量平民百姓，他们是什么模样呢，又是怎样的装扮呢？

三星堆出土了大量的青铜雕像（图1），我们已经比较了解古蜀人的形象了。金沙也出土了一些青铜与石质雕像，再一次展示了古蜀人的形象，进一步加深了我们的印象。古蜀时代的发式和服饰等细节，在出土艺术品中都有线索可寻。

青铜人头像的面相，因为采用了夸张手法，而且很多表现的是神灵模样，所以不能与真实的蜀人等观。但是造神的模样，往往又是取自人体，所以神样有时又是可以看出人样来的。特别是雕像表现的装饰，是可以看作真实生活的反映的。

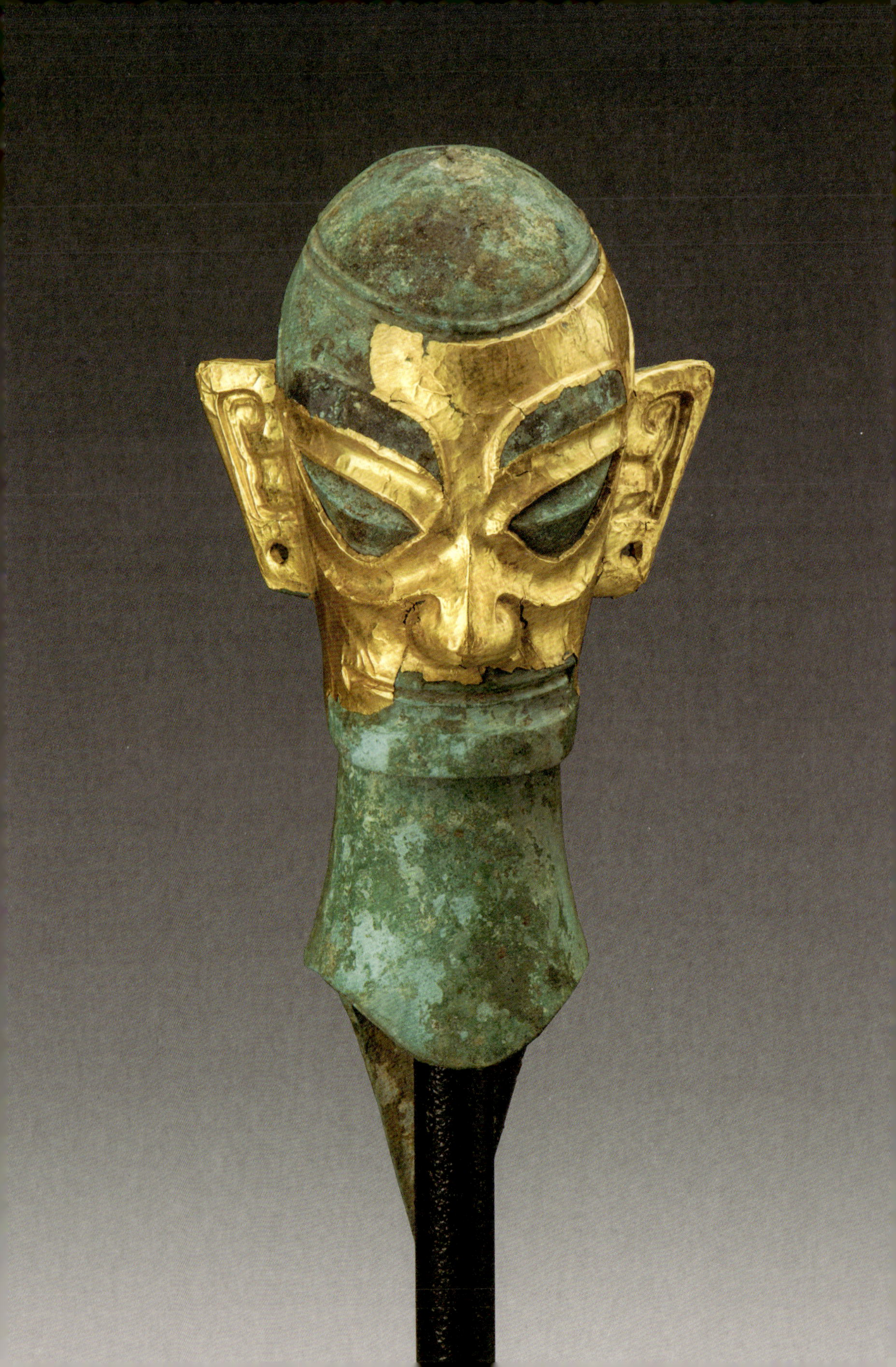

图1 三星堆2号坑出土戴金面罩青铜人头像

图2 金沙出土青铜人像

金沙出土的一件青铜人像，脑后垂着长辫，身穿长服，束腰，腕间戴镯。最奇的是头上的冠式非常特别，是一种从未见过的涡形冠（图2）。除了这种冠式可能有特别意义外，这件青铜雕像也许可以作为古蜀人的标准形象看待。三星堆所见的许多青铜雕像，脑后都拖着长长的辫子，是一道别样的风景（图3）。

金沙还发现一件小型玉雕人头像，这是一个侧面形象，头戴羽冠，大眼圆瞪，鼻头高耸，阔嘴露齿，耳垂穿孔。玉人让人有威风八面的感觉，如果表现的不是神灵，也应当是武士之类（图4）。

古蜀人的形象，在三星堆出土青铜立人像、青铜人头像和青铜

古蜀人的模样　075

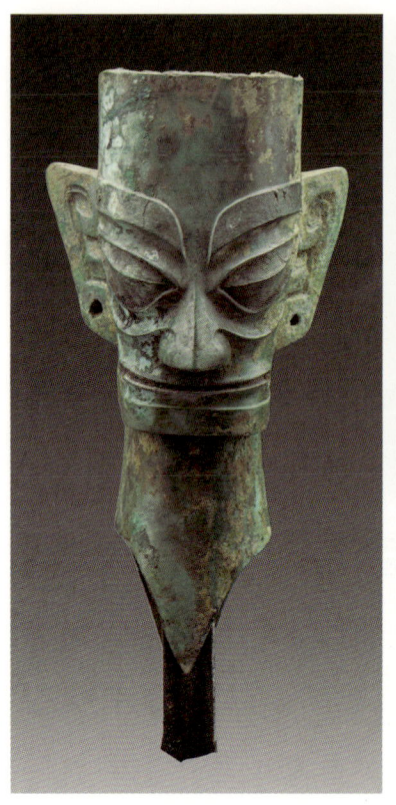

图3 三星堆2号坑出土青铜人头像正背面

图4 金沙出土玉雕人像

面具、顶尊铜人像、执牙璋跪坐小青铜人像上，我们可以获得非常具体的印象。仅青铜人头像头部装饰，就可以分成几类。一类头上为子母口形，原应有套接的冠，圆眼，圆头鼻，嘴闭合，竖直耳，耳垂穿孔。另一类头戴双角形盔，脑后有插笄凹痕，长方脸，高鼻，直眉立眼，嘴角下勾，耳垂穿孔。还有一类似戴平顶冠，粗眉大眼，尖圆鼻头，大嘴紧闭，耳垂穿孔，编发。

金沙和三星堆见到多件石雕跪坐人像，也都是编发，这可能是常见的发式。

三星堆青铜立人像，脸形五官与人头像并无太大区别，但头戴高冠，穿斜襟长袍，赤足佩环。立人当具有特别的身份象征，不同于一般人的装束。

古蜀人可能为着区分等级地位，服式、冠式和发式表现有不同形式。发式有椎髻、编发和盘发。服式有左衽、右衽、对襟的不同，也有长袍、短衣的区别。冠式有高冠、平顶冠和双角形盔等。

还要特别提及的是，古蜀人可能并不兴蓄须，检索所有雕像，没发现一例有胡须的脸孔。

浓眉大眼，高鼻阔嘴，编发剃须，戴冠缀环，长衣束带，这一定是古蜀人认定的美男子形象。

还有人们关注的蜀人"纵目"，也很值得思考。因为三星堆的青铜面具中有圆柱形突出眼球（图5），人们拿它与文献中的传说比对，以为这就是"纵目"的蜀人形象，甚至说它就是蜀人始祖蚕丛的形象。其实这样的面具并非写实的人面像，有人说是古蜀人的祖先神造像。《华阳国志·蜀志》说，"有蜀侯蚕丛，其目纵"，未必

图 5　三星堆 2 号坑出土青铜戴冠纵目面具

就是说蚕丛长着突出眼眶的长眼球。纵目的意思不过就是相对直竖的眼睛，并非是眼球突出的样子。

从古蜀人的艺术品上，我们看到了许多蜀人的自我造像，细致地了解到了古蜀人面相与装扮。不用说，古蜀是一个很开化很文明的古族，蜀地是一个很发达的亚文明中心。

古蜀先人来自何方？

在长安与皇上打过交道的诗人李白，故乡离成都不远的。从锦城入长安的蜀道行旅艰难，这一点李白当有切身感受，所以他的一首《蜀道难》，将一个"难"字写得十分撼人：

噫吁嚱，危乎高哉！
蜀道之难，难于上青天！
蚕丛及鱼凫，开国何茫然！
尔来四万八千岁，不与秦塞通人烟……

哎呀呀，山多么高多么险啊，蜀道难行比登青天还难！蚕丛和鱼凫两位古蜀王，他们在何时建国已经不大明白了。古蜀最早的历史也该有四万八千年，那时还不曾和秦地的人们互相来往。

将"蚕丛"和"鱼凫"所建的古蜀国，说是有了"四万八千岁"，应当是诗人夸张的词句。蜀国到底有多少年的历史呢，李白自然并不完全明白。

公元前316年秦灭巴蜀，这是古蜀国年代的下限。古蜀何时建国，以西汉扬雄所著《蜀王本纪》所载蜀王世系，有蚕丛、柏濩、鱼凫、蒲泽和开明五个王朝。如果这是实指的五位蜀王，以每位在位六十年计，一共不过三个世纪的时光。显然，这不会是蜀国存在的真实年代。《蜀王本纪》说杜宇从天而降，"自立为蜀王，号曰望帝"。又说"望帝积百余岁"。如果按五王也都在位百余年计，也不过五六个世纪（图1）。

《蜀王本纪》也提到了古蜀的纪年，《文选·蜀都赋》刘渊林注引扬雄《蜀王本纪》说"从开明上到蚕丛，积三万四千岁"，而《太平御览》引文是"从开明已上至蚕丛，凡四千岁"。将蜀史定为四千年长短，较之李白的"四万八千岁"之说固然实际了许多，不过也还是显得过长了一些。

也有人推测，这五代蜀王也许并不是前后相继，他们是五个王朝的代表，中间应当还有更多的王位继承者。这五王或许是因为留下的事迹比较重要，所以后人的记忆也会深刻一些。

也有人援引四川省境内新石器时代考古发现作为依据。如嘉陵江东岸广元市中子铺遗址最早，公布的碳14测年数据早到6000多年前，说明公元前44世纪古蜀先民确已在蜀地活动。这一遗址的

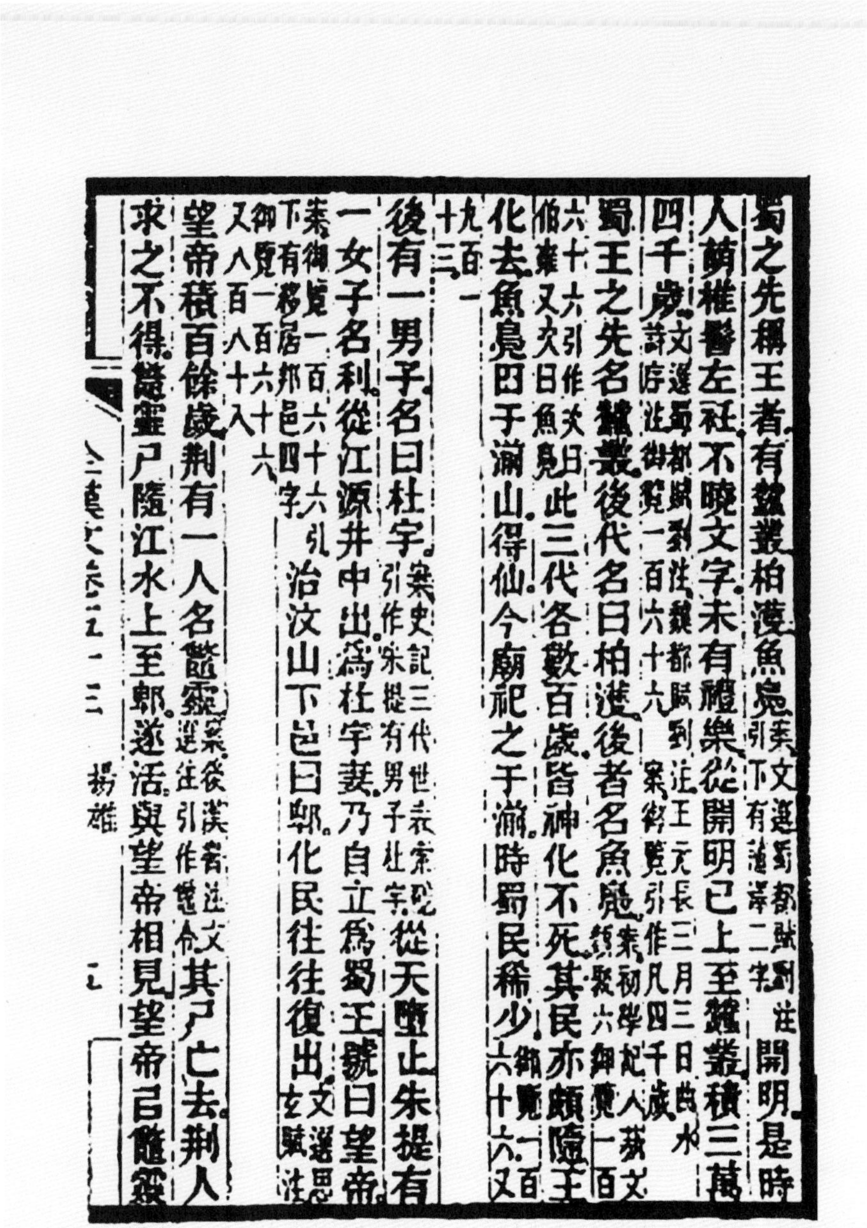

图1 《蜀王本纪》中关于五代蜀王的记述

图2　三星堆1号坑出土金杖

年代与《蜀王本纪》所述的蚕丛时代正相吻合，由此可证扬雄说的"凡四千岁"并非信口开河。

不过这里说混了一个概念，蜀地很早就有人烟，并不能说有人活动就已经立国。倒是成都平原发现的若干座4500年前的古城遗址更值得注意，它们或许是蜀地诸部落建立的小国城邑。古蜀王国应当是在这样的基础上建立起来的大型部落联盟，三星堆和金沙就是这样的联盟都邑所在地（图2、3）。

再来计算一下古蜀的历史长度。公元前3世纪初，蜀为秦所灭。如果以4000多年前作为古蜀立国的起点，古蜀的历史应当没有超出

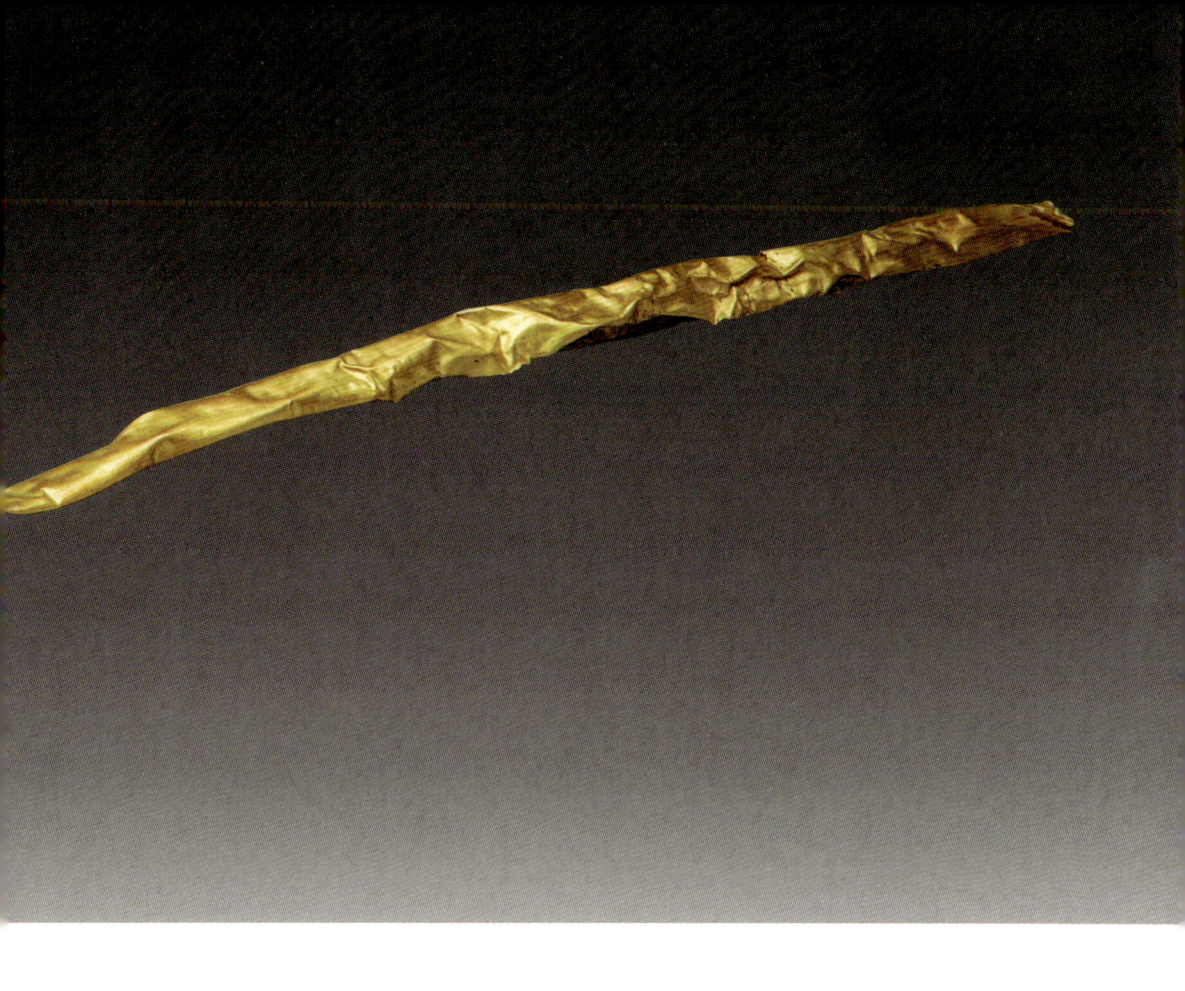

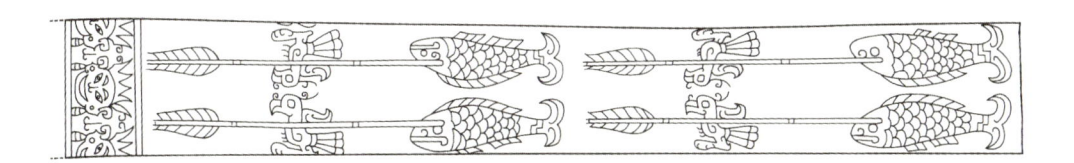

图3 三星堆1号坑出土金杖纹饰

古蜀先人来自何方?

图4　金沙出土金面具

2000年的时光，也许1800年左右比较接近真实。三星堆和金沙作为古蜀前后相继的都城所在，所处的历史时段在距今3600—2600年之间。也即是说，大抵相当于古蜀的盛年，是最为辉煌的年代（图4）。

再多说一句，还可以这样来记忆：三星堆和金沙之前，古蜀立国经过了四五百年的发展；三星堆和金沙都邑存在的时间，约为1000年；三星堆和金沙之后，古蜀还有约三四百年的历史。这样一来，我们就可以将李白的话改为"尔来一千八百岁"了。

古蜀故地现在的四川人，并不都是古蜀人的后裔，大部分人的祖籍并不在四川。他们的先祖是晚近年代在"湖广填四川"的移民潮中入川的。明末清初的近百年间，川中由于战乱、瘟疫致人口锐减，偌大的四川剩下的人口只有几万之数了。清王朝采取"移民垦荒"的举措，包括湖北、湖南在内的湖广省等十余省的移民相继到四川定居，入川人数达到一百多万。原有的几万人，融入百万人中，谁又能说明白谁是古蜀故地的原有居民呢？

除了湖广填四川，四川历史上还出现过多次移民潮，较早有记录的一次是秦灭巴蜀之后。秦设蜀郡，移民万家至蜀。我们熟知的临邛卓文君，她的祖上就是北方的赵国人，正是在那次被强制移民入蜀的。当然这几万北方人的后代，不论繁衍成了多少人，在明清之际的动乱中剩下的也不会太多了。

那更早的蜀人呢，是原生于此还是移民，他们又是来自何方？更直接一点说，三星堆与金沙蜀人的祖先是来自哪里？

有人说，早期蜀人当有两个来源。一支是6000—5000年前生活在川北嘉陵江流域的新石器时代山地人，他们从东向西迁入平原，成为古蜀先民。另一支是来自岷江上游的新石器时代人，后来入主成都平原。成都平原岷江两岸发现多座新石器时代古城址，正是迁入平原的古蜀先民的遗迹。

做出这样推断的前提，是古成都平原一直是荒无人烟的，到了5000年前才得到开发。恐怕也不尽然，其实对于5000年前的情形我们并不了解。当初成都平原没有发现那些史前古城址时，人们也以为4000多年前荒无人烟，新发现让研究者不断更正结论。

我们现在并不能肯定，在古城时代之前，成都平原是否真的就只是动物们的竞技场。而恰恰是在最近，考古人又报告了新发现的消息，成都平原居然找到了前古城时代人类的居址。这会给我们一个很重要的提示：成都平原及周边的开发史，可能比我们想象的要早得多，古蜀先民很早就是这块土地的主人了。

古蜀先人的主体，也许就世居在两座龙山之间的平原上，这是一块开发很早的沃土。建造天府的奠基石，在那遥远的时代就已经在开凿了。

神坛

三星堆 2 号坑 296 号 青铜神坛复原研究

每一项考古发现都会提出许多需要解决的问题，在通常情况下，这些问题经过研究者一段时间的讨论，多数都会达成共识，不会有太多的疑难。只有很少的一些发现，会留给我们许多争论的空间，让我们许久也找不到真正的答案。三星堆两个器物坑的发现就是这样的一个例子，连器物坑本身的性质都是众说纷纭，更不用说那些具体的器物了。学者们费了许多的功夫，有些谜底就是不容易完全解开。三星堆两个器物坑出土器物的总量和一些器物本身的体量都很大，研究起来所需要的功夫自然要超出其他发现，更何况这些器物的内涵又是那样丰富，所表达的意义又并不都是非常显明，所以更需要仔细解析和反复切磋。

本文要探讨的是三星堆 2 号坑 296 号青铜神坛的复原问题，也是三星堆器物中一个讨论展开不很充分的问题。神坛因为当初埋入时已严重受损，出土后未能完全修复，发掘者根据初步整理研究，在报告中采用图形方式进行了复原研究。后来也有学者作了进一步的复原研究，使我们对神坛的理解又得到深化。比起其他同时出土的大件青铜器，复原出来的神坛虽然不算高大，但结构却比较复杂，制作也比较精细，包纳的信息也非常丰富。但是目前神坛的研究远没有达到尽善尽美的程度，还存在较大的研究空间。我们在此重新提出的讨论，虽然不能说一定对这项研究有多大地推进，但是又发现了一些解决问题的新线索则是可以肯定的。这个讨论不仅会增进我们对青铜神坛本身的了解，同时也会增进我们对三星堆器物坑整体性的了解，由此也许能打开一条进入古蜀人精神世界的通畅途径。

一、296号神坛的基本造型

三星堆 2 号坑出土 735 件青铜器中，有 3 件被发掘者指认为神坛及附件。[1] 编号为 296 号的神坛主体因奇特复杂的造型最引人注目，在广汉三星堆博物馆里还依据它的造型做出了一个巨大的祭坛模型，突显出一种肃穆神秘的气氛。

据发掘者在《三星堆祭祀坑》中的描述，296 号神坛因在当初

---

1. 四川省文物考古研究所:《三星堆祭祀坑》,文物出版社,1999 年。

图1 三星堆2号坑出土青铜神坛（研究性复原）

埋入举行仪式时曾经火焚，它的一半已被烧熔，剩下的一半也变形解体，经过拼对复原，大体可以观察到全器造型的原貌（图1）。神坛由下层的兽形座、中层的立人座与山形座、上层的方斗形顶四部分组成。下层的兽形座底部为圆盘形，上立大头、长尾、四蹄、单翅的两尊神兽。中层的立人座底盘亦为圆形，承托在神兽的独角和单翅上，座上立四个持物的力士，力士面向四个不同的方向。再上面是所谓的山形座，为四瓣圆弧形圈连成的一个圆形座，它承托在下面四立人的头顶上。顶立在山形座四瓣体上的是上层的方斗形顶，方斗形顶实际上为镂空的盒形，中部每面铸五位持物的小立人，四角上端各有一只展翅的立鸟，在一面上部正中铸一鸟身人面像。方斗形顶的最上端还有一个收缩的方形接口，表明上面应当还有拼接的附件。全器残高没有超过55厘米，兽形座的直径也只有约22厘米。

结构如此复杂的神坛体量并不算大,它是否只是一个依比例缩小了的小样,我们不得而知。

2号坑296号青铜神坛比起其他同时出土的大件青铜器,体量虽然不算高大,但结构却比较复杂,铸造也比较精细,包纳的信息也非常丰富,其重要性不言而喻。但是关于它的研究,在三星堆器物中却讨论得很不充分。我们注意到,虽然发掘者作了尽可能详细的描述,但在资料方面仍然还存在几处缺憾。如原报告没有器物出土位置图,只有两张大幅面的照片,296号青铜神坛各部件出土的位置并不清楚;由于全器本身并没有复原,发表的只是两幅复原图,一张立面图,一张剖面图(图2),经比对报告所附局部照片,两张图都有欠准确或存在明显错构之处(详后述);可能由于整理工作量较大,神坛结构又过于复杂,所以附件拼对有欠完整,复原图本身也并不完善。要弥补这些缺憾并不是很容易的事,有研究者先后作了一些尝试,取得了明显进展。

孙华先生在他的《神秘的王国》[1]一书中,对296号神坛进行了系统描述,而且重新作了复原研究。他认为神坛下层底座的两尊神兽是一向前一向后,它们的旁边各有一位驭手。驭手铜像发现了一具,原编号为296-1,发掘者原本认为它与神坛有关,但不明确它在神坛上的位置。孙华先生特别指出,神坛的上层其实是一座铜尊的变体形状,被发掘者称为山形座的部分正是尊的圆形底座,上面顶着的方斗形则是尊的腹部,再上面是尊的颈部,所以他认为这个所

---

[1] 孙华、苏荣誉:《神秘的王国——对三星堆文明的初步理解和解释》,巴蜀书社,2003年。

上层

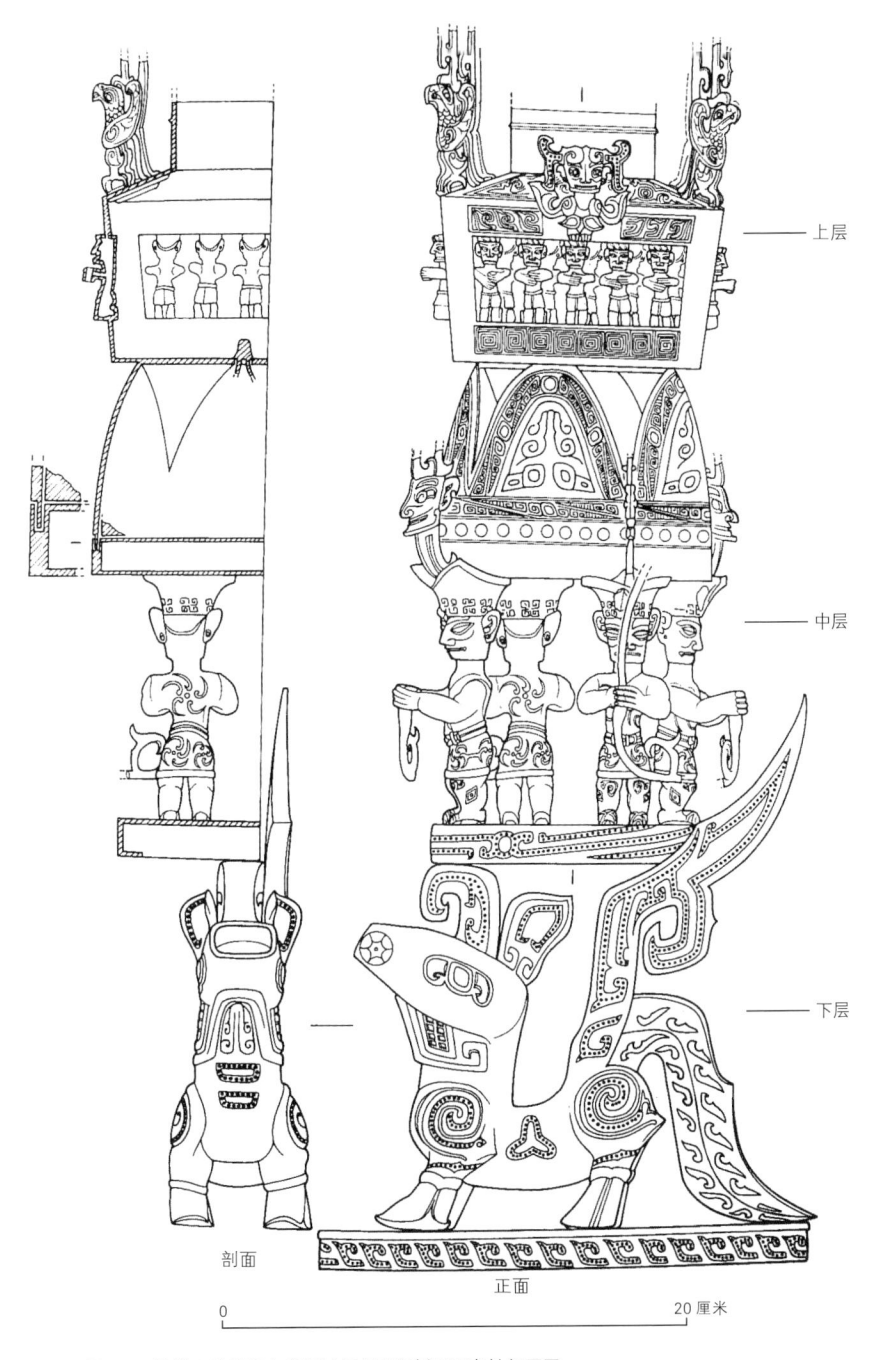

中层

下层

剖面　　正面

0　　20厘米

图 2　三星堆 2 号坑出土青铜神坛立面和剖面研究性复原图

三星堆2号坑296号青铜神坛复原研究　　093

谓的神坛其实"是一件被怪兽和巫师们承托的巨大的方尊形器"。

孙华先生还对这方尊形器缺失的上部作了复原（图3）。他认为编号为143和143-1被发掘者称为神殿顶盖的两件残器，都是方筒形，可以将它们由粗大的一端对接起来，然后再扣在神殿顶上。这样一来，神坛的高度便由50多厘米增至100厘米有余，高出了近1倍。据此，孙先生得出了这样的结论："我们可以有比较大的把握性说，三星堆器物坑这件人兽托负的尊形铜器，原本是由第一层的双兽及两个牵兽人、第二层的四人、第三层的尊身和第四层的尊盖四部分组成。"

孙华先生对神坛的重新建构以及解析，让我们获得了一些新的印象。他对神坛主体的"方尊形"之说，还有神兽驭手的认定，对我们进一步认识神坛有新的启发。三星堆2号坑中不仅出土了多件铜尊，而且还见到顶尊人铜像，又有这样气势不凡的尊形神坛，说明尊对三星堆人来说，一定具有特别的意义。

二、关于神坛双兽底座的结构

对于神坛的研究，从造型上而言，神坛中段因为保存了各部位的原有连接点，结构相当清晰，已经没有讨论的必要了。研究者与发掘者认识存在的分歧，主要在底座和顶端两个点上。本文的讨论也是重点关注神坛底座和顶端，这个讨论基本是按照前述孙华先生的思路展开的，对孙华先生的研究略有些补充与修正，也许对深入

图3　孙华先生的神坛复原方案

认识神坛的性质有些帮助。

神坛的底座，是神坛构形的基础。底座的创意是以双兽为支撑，双兽以图案化手法表现，大头上昂，长尾曳地，单翅高扬，从造型上不能直接与某种动物相比拟，可能是一种神话动物。双兽站立的方向是否为一正一反，还需要斟酌。由这能飞善走的神兽背负的神坛，有上举和前行的动态，如果神兽一前一后用力不一，这种动态就无法表现出来了。我们不如换一个思路想象一下，如果双兽向着同一方向并排而立，且飞且行，是否更能体现原创者的本意？我们认为双兽行进的方向，更有可能是一致的，它们背负着神坛向着同一方向行进。

孙华先生指出，神兽原本是有驭手的，他在2号坑的出土器物中找到了驭手的雕像，就是编号为296-1的那一件，这个说法非常精到（图4）。因为这尊残断的雕像立身的基础，正好也是一个圆形底座，它与双兽的底座规格相当，外侧的纹饰也完全相同，都是一种被发掘者称为"歧羽纹"的纹饰。这种用连珠纹填充的纹饰，以二方连续的方式饰满神坛底座外侧，在神兽的翅面上也有，在神坛上层方斗上也能见到，表明这尊铜像确为神坛的附件之一。另外，这尊铜像的双腿外侧都见到尖角的眼睛图形，这种眼睛图像也见于神坛中部四力士的双腿上，这是说明雕像与神坛原本是属于一体的又一个证据。雕像当与双兽并列，双手前伸作抓握状，手心向下，正是一个驭手的形象。稍觉遗憾的是，驭手的头部缺失，我们已不能直接认识他的模样。由驭手双手并握的手势看，应是一人同时驭双兽，他是站立在双兽之间，一手驭一兽。除此而外，我们还不能发

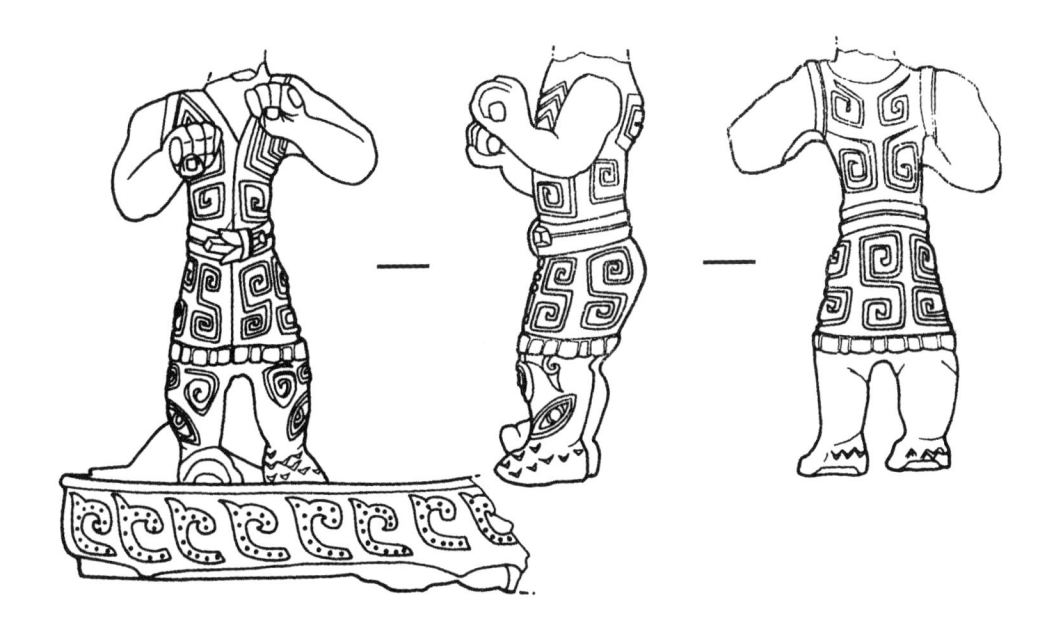

图 4　三星堆 2 号坑出土青铜驭手人像线绘

现更多的证据来说明是有两位驭手，他们各驭一兽，而且还要向着不同的方向行进。

简而言之，神坛下层的神兽有两尊，它们的头向应是一致的，向着同一方向行进；神兽有驭手牵行，驭手与神兽同立在底座上；驭手的数目，应当只有一位，是一人驭双兽（图 5）。

神兽与驭手立足的底座为圆盘形，直径 22 厘米有余。神兽承托的四力士座盘也是圆形，直径只有 12.4 厘米，明显小于底座。四力士座盘承托在双兽的独角单翅四个支点上，应当是比较稳固的。

还需要指出的是，原报告所绘神坛剖面图明显有误，试作更正（图 6）。

图 5　神兽与驭手在神坛上的位置与方向复原图

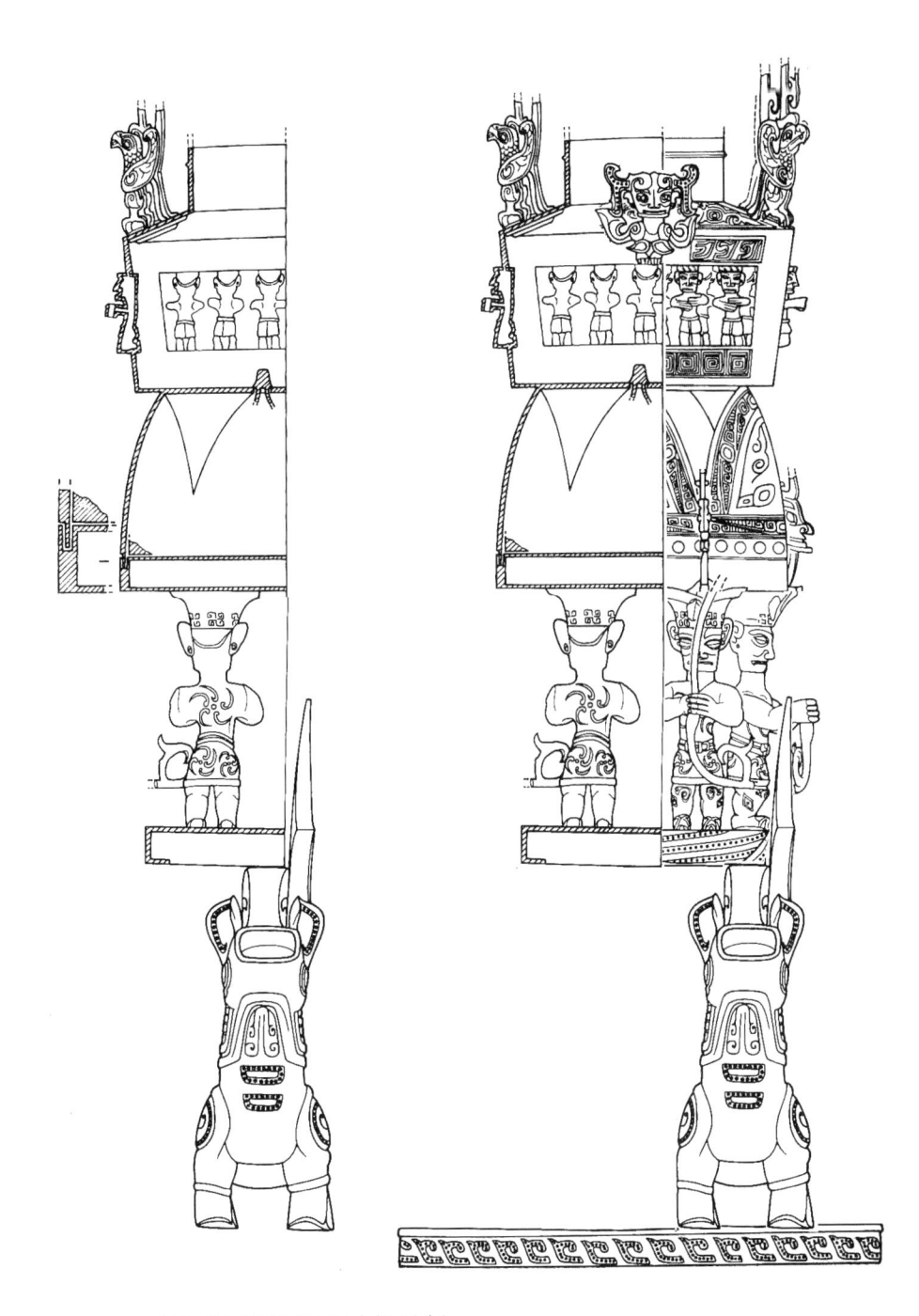

图 6 神坛剖面原图（左）与新图（右）

三星堆 2 号坑 296 号青铜神坛复原研究

三、关于坛顶的形状

发掘者对神坛绘出的剖面图虽有小误,但立面复原图大体是完整的,也是基本可信的,唯有神坛的顶端留下一个关子,说还有不清楚的构件要往上面延伸,但并不明确顶端的结构是什么样子。孙华先生依据三星堆人有顶尊仪礼的成例,将坛顶复原为尊口尊盖的模样,是一种大胆的假设,可备一说。

按照孙华先生的设想,[1] 将编号为 143 的神殿屋盖与神坛顶对接,尺寸稍有不能吻合之处。殿顶方形口突起的宽度为 6.5 厘米,而 143 号顶盖的宽度为 8 厘米,当然要勉强拼接也成。但它的上端与"屋盖"143-1 相接,问题可能更明显一些,两者上面的纹样无论构图与风格都有较大距离。虽然如此,孙华先生这种拼接思路还是非常可取,我们不妨暂且接受这种拼接方案,这对于了解神坛原来的造型很有帮助。

但是即便我们接受这个拼接方案,这个方案也并没有使神坛恢复完整的形态,因为它的上端依然还有残缺,它还有往上延伸的可能。发掘报告中名为"神殿顶部"的 143-1 号拼件,它的上端是一个跪坐人的形象,可惜的是人像仅存跪坐的下体和腿脚部位,至腰际残断,上身与头部不存。我们尝试着在报告资料中寻找人像残失了的部分,还真有了意想不到的结果。

编号为 264 的"青铜兽首冠人像",因为有奇特张扬的兽首装

---

1. 孙华、苏荣誉:《神秘的王国——对三星堆文明的初步理解和解释》,巴蜀书社,2003 年。

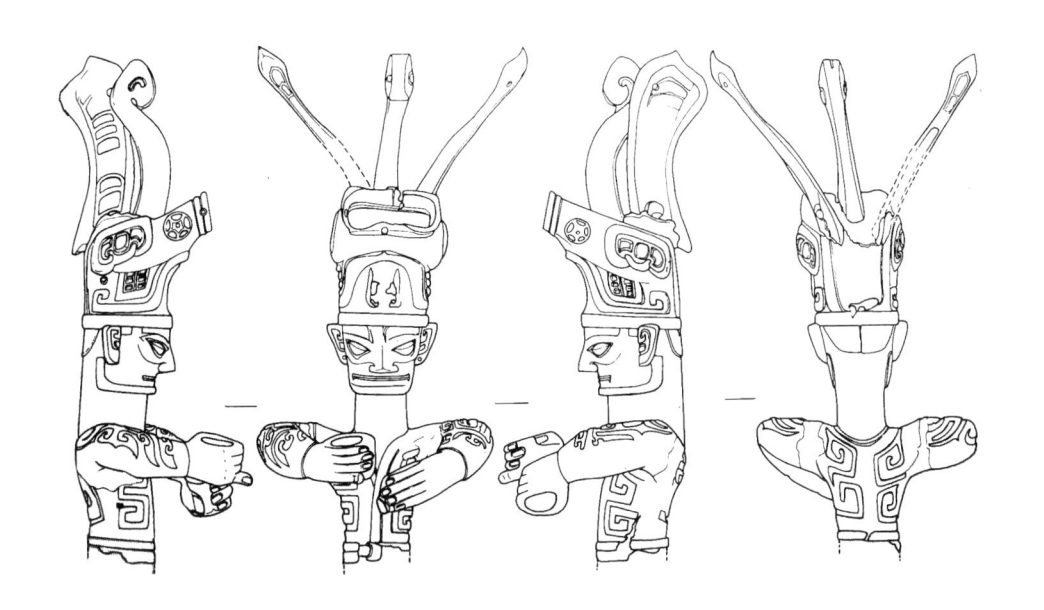

图 7　264 号青铜兽首冠人像线绘

束而透出一种神秘感。看看发掘者对它的描述：残断，仅存人像上半身。头戴兽首冠，冠上有双眼，冠顶两旁长耳侧立，中间有一象鼻状装饰（实为卷角）。人像的造型、手势与同出的青铜大立人像相似，两臂平伸回握，衣饰云雷纹与变形夔龙纹，腰际结带。这虽属小铜人像一类，却与其他人像风格不同，他有更为张扬繁复的冠饰（图 7）。经过仔细比对图像和计算尺寸，我们认为这件残缺下半身的"铜兽首冠人像"，很可能就是 143-1 "神殿顶"顶部残失了的跪坐人像的上半身，理由如下：

1. 两者残断部位都在腰际，创口虽不能完全吻合，但不会有重叠部分，二者连接为一体的可能性很大。

2. 断口的大小，因为原报告没有交代，只有从附图所绘比例尺

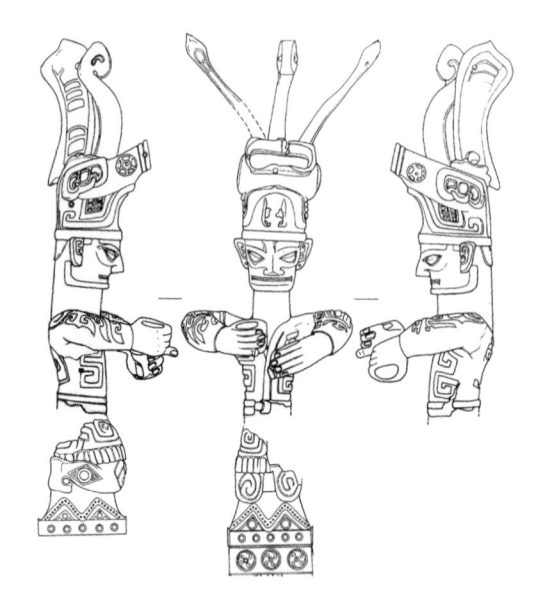

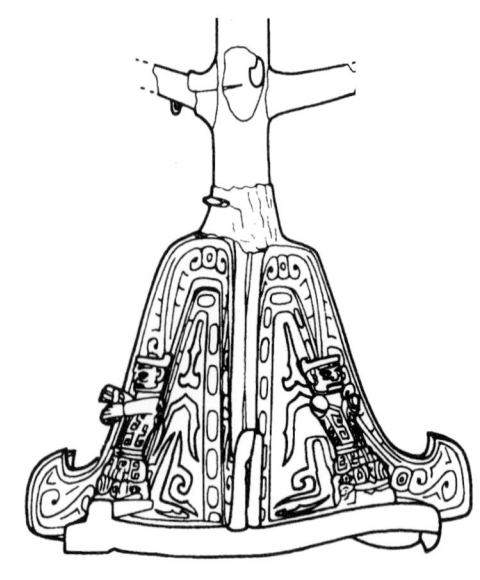

图 8　143-1 号"神殿顶"顶部与 264 号人像的拼合　　图 9　三星堆 2 号坑出土 2 号青铜神树底座线绘

计算，两者的圈径都在 5 厘米左右。

3. 两者的服饰完全相同，都饰有相同的云雷纹。

我们完全可以确定，这两个残缺的半体人像，原本应属同一整体，完全可以拼合起来（图 8）。2 号坑出土过其他类似的跪坐人像，如在 2 号神树底座上应有四个这样的跪坐铜人像，跪坐姿态与手势与拼合的神人像相似，两者的服饰与纹饰也相同（图 9）。

这样一来，我们看到了跪坐在方形台座上的一个装扮奇异的人，他所在的"神殿顶"也因此显得又高大了许多，由原来的 31 厘米增加到 70 厘米还多。如果按照孙华先生的拼接方案，在原来三个拼件的基础上再加上这件人像，即编号 296+143+143-1+264，总高度则达到 140 厘米以上。

作了这样的拼接以后，我们会发现，这样高的一个拼接铜件，它的底座直径只有约 22 厘米，会有不稳定的感觉。我们由此会产生

102　　　　　　　　　　　　　　　　　　　　三星堆：青铜铸成的神话

图10　神坛附件上的连珠纹与炯纹组合

一些疑问，也许神坛并没有这样高，拼接方案可能存在不准确或不合理之处。事实上在拼合过程中，拼接口确实存在尺寸不契合的现象，看来还可以寻找新的拼合方案。

我们建议，首先应当排除称为神殿顶盖143号的拼件，因尺寸有距离，它与神坛顶端突起之处不能合理拼接，它的纹饰风格也与神坛不合。

其次，143-1号"神殿顶"也有细作分析的必要。没有剖面图可供分析，它本身就是残断的，由发掘者作了初步拼合，估计它至少是两段拼接起来的，上半段是跪坐人像及方形台座。由报告所附的照片看，人像及台座是一个独立存在的部件，也许将它与"神殿顶部"合拼起来是一个失误。我们试图将这台座直接拼合到神坛上端的突起部位，感觉它们应当是吻合的，不仅尺寸大小都在6.5厘米左右，台座侧面的炯纹也与神坛一致（图10）。

作了这样的重新调整，神坛的整体风格更加趋于一致，结构显得更为合理，构形最终达到完整。神坛的高度也有所降低，总高度在100厘米多一点，稳定性感觉会好得多。我们再看看底座上的神兽，它的头部形状与顶端跪坐人像的冠面样式完全相同，这是表明这种拼接的合理性的又一个重要证据（图11）。

四、神坛的特点与性质

以296号为主体构形的这件被发掘者称为神坛的青铜器，实际上是一件高大造型的神器，称为"坛"似乎名不副实，但一时也没有更好的名称，我们依然沿用这个名称。

对于三星堆两坑中出土的器物，研究者进行了广泛讨论，唯有对这件神坛，论之者甚少。发掘者在报告结语中说："二号坑出土的大型青铜立人像和神坛上的小型立人像表明，三星堆文化中的宗庙，除了定期举行献祭仪式外，还要把献祭场面和献祭者当作偶像陈列在宗庙里，以象征向神灵举行经常性的献祭活动。" 2号坑中出土的296号神坛，可能原来就是摆在宗庙里的一件神器，也可能是按照巨大神坛缩微的一个模型，以前者的可能性较大。

孙华先生对神坛作拼接复原后，对神坛的性质有详尽解说。他说神坛下层的两只怪兽，有兽的身体和四足，又有鸟的冠和翅膀，兼具鸟与兽的双重特征。它的神性应当类似于古代神话动物蜚廉，是一种长有翅膀的神兽，屈原曾在《离骚》中说到"骑蜚廉升天"

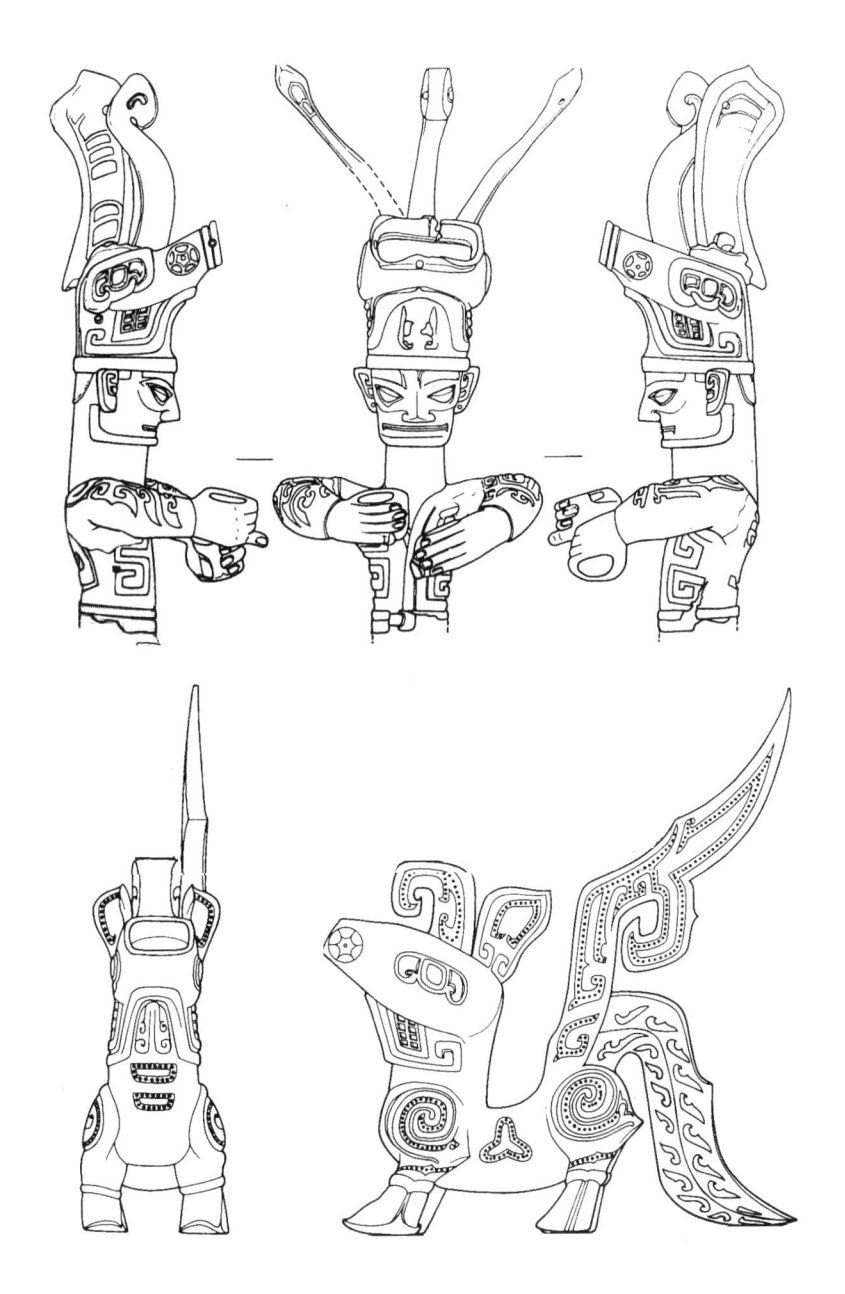

图 11　神坛底座上的神兽头部形状与顶端跪坐人像的冠面样式完全相同

的想象。神坛中部的四人像是身著鸟服、手持太阳树枝、头顶尊形祭器的神职人员,"他们正要登上高高的天空,到达太阳升起和降落的地方,去侍奉和取悦太阳神,去迎送太阳的起落"。而在更上一层方尊形器周围跪着的众多人像,也是服侍神的神职人员。方尊四角的立鸟,应是太阳神所使的太阳鸟。那跪在神坛顶端的人,他手捧着的可能是玉璋,"他很可能才是向最高神祇奉献祭品和获取神谕的神职人员"。简而言之,神坛中"位于最下层的两只鸟首兽身的神兽是中层巫师们往来于人神间的坐骑,其上四个立人应当是代表联系人间与天上的装扮成鸟形的巫师,而其上的铜尊形器则很可能代表连接天上人间的设施,整个铜神坛表现的都是巫师一类神职人员从地上升登天上去事神的过程"。

神坛的构形有了完整体现,我们再对它的特点与性质进行讨论,会感到更加便利,还会得出一些新的认识来。复杂、奇诡是神坛的主要特点,人、神同在的神坛可以作五个层次的划分:最下一层是二神兽与一驭手,这是托举神坛的基础之所在,也是运行神坛的力量之所在;往上第二层是四力士,如果他们手中是操蛇的图景,那这力士也应当是神人,与神兽作用有相同之处,也是神坛的托举者;往上第三层为四人面四瓣坛座,如果以"坛"称之,这才是真正的坛座之所在,坛座的形状和所饰的图案与一些青铜神树的底座相似;往上第四层为四鸟二十力士护卫的方斗形坛身,正面有鸟身人面像;最上第五层为兽状跪坐人像,这是神坛的中心所在(图12)。

关于这神坛的性质,可以先由顶部跪坐人像论起。跪坐人像与同时出土的大立人像取意相同,区别只在一立一跪而已。也许立人

第五层

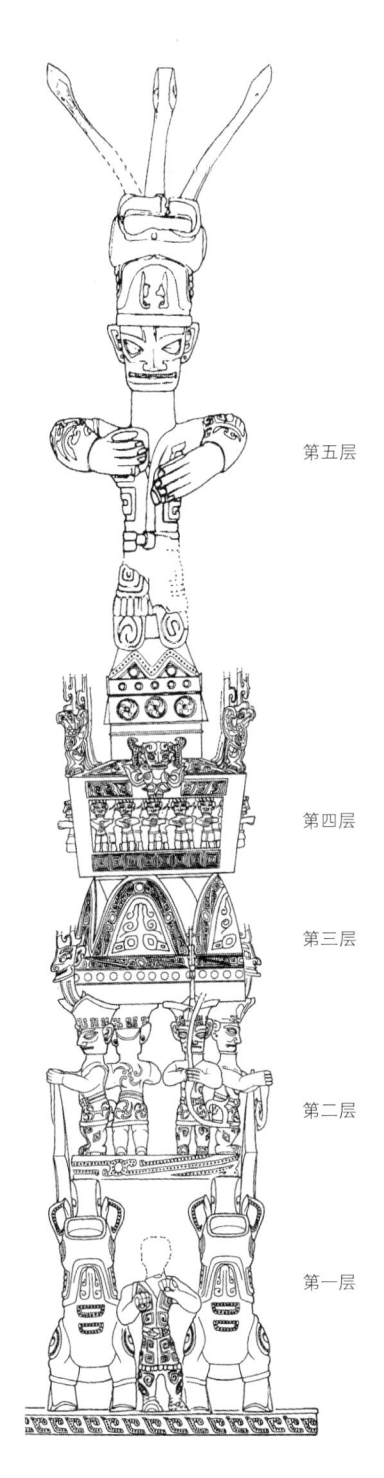

第四层

第三层

第二层

第一层

图 12　296 号神坛完整复原方案

像表示在地坛上作法，而跪人像则是在天坛上作法。他们的手势完全相同，也许手握着同一类神器。立于神坛顶部的巫师正在施法，它已经脱离了地界，高高在上，正如孙华先生所言，"他很可能才是向最高神祇奉献祭品和获取神谕的神职人员"。

另外，我们还要关注一下与神坛相关的那些眼睛形状。三星堆蜀人在他们所作青铜造像的衣服上，常常铸有成对的眼睛图形，眼睛造型一而再再而三地出现，这是一种非常特别的事象。三星堆青铜人首人面各类眼形自有独特之处，更值得关注的是大量单体眼和装饰眼的存在。它们原来可能是人面或兽面上的附件，由此更清楚地体现出古蜀人对眼睛图形的热情，表明眼形对他们是非常重要的一个象征。细看青铜立人像，其实在它的周身也布满了眼形装饰，除了双眼兽面冠——天目冠，长袍下摆前后都有成组兽面装饰，均以环眼作主要构图。在半臂罩衣前后都有直行排列的眼目纹和成组横排的简化兽面纹，眼睛纹样成了立人外衣的主要装饰。立人四龙八眼立座上龙眼形状与冠上眼形相同，均为两角尖而不曲的造型。布满眼目装饰的青铜立人，简直可以看成某种眼目的化身。

我们讨论的神坛上，也见到不少眼睛图像。如神坛中部铸出的操蛇四力士像，他们双腿的外侧都有对称的眼形图案；在神坛顶端跪坐的人像，双腿外侧也见到一双眼形图案；还有驭手的双腿外侧，同样也见到类似的眼形图案（图13）。这些青铜人像的双腿外侧都有相似的眼形图案装饰，他们的装束是如此的一致，理应具有同样特别的意义，都表明了一种眼睛崇拜观念。眼睛崇拜在古代蜀人的精神世界中是一个核心所在。眼睛崇拜其实可能是太阳崇拜的一种

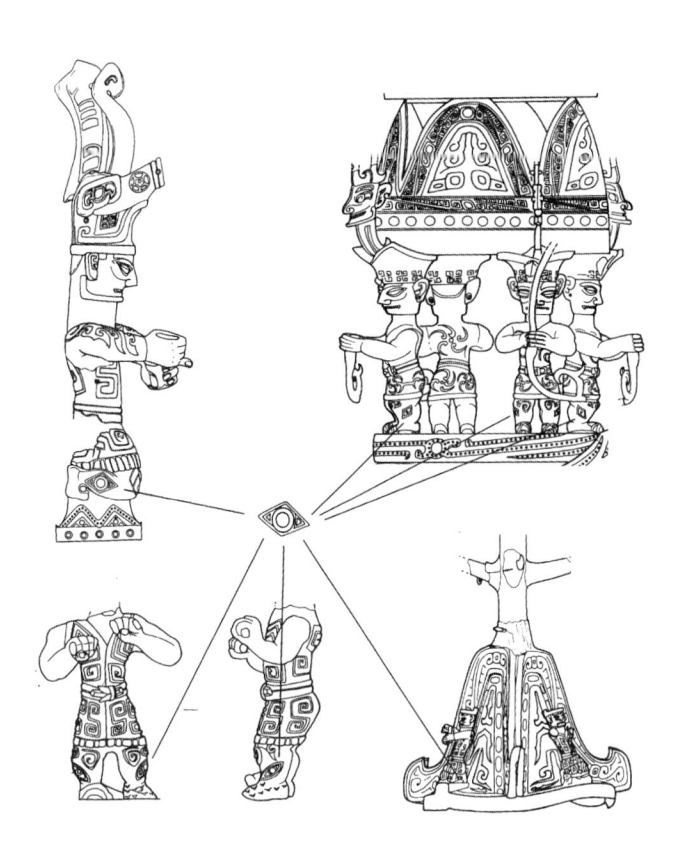

图 13　青铜人像衣装上的眼形装饰

表现形式，眼睛就是太阳的标志，对此我曾在讨论青铜立人像冠式一文中有过讨论，在此不再赘述。[1]或者可以说，驭手、力士和巫师，他们都身着缀有太阳标志的特服，这是对太阳的一种礼敬。

此外，上面的人与下面的神兽应当有一种内在的联系，神兽一定是天上之兽，巫师扮成神兽的模样，也许是表示借助神兽之力升到了天上。他的冠式完全仿照神兽的头形，大眼、长耳、卷角、筒形嘴完全相同，连嘴边的太阳图形也是一模一样。这是什么兽？孙

---

1. 王仁湘：《三星堆青铜立人像冠式的解读与复原》，《四川文物》2004 年 4 期。

华先生说它是蛰廉，或是与西方神话中的格里芬相关，总之都有通天的本领，它们原本就是神的使者。

神坛表现的并非像有的研究者所说的那样，有地、人、天三界的图景。神坛上并没有地下的图景，没有地祇。底座上双兽的属性，不论是蛰廉还是格里芬，都是可以巡弋天穹的天神之属。全器表现的是，依靠神兽力士的托举，已经登天的巫师正跪立在天神（很可能是太阳神）面前，是在祈求，还是在奉献，那就不得而知了。

应当说，本文的认识只是为复原296号神坛在细微之处略作了些改动，自以为这样的改动可能更切合神坛原来的造型，对于进一步解开神坛之谜和探讨两个器物坑的性质，会有一些促进作用，希望能引起更多的讨论。

三星堆3号坑出土"奇奇怪怪"青铜器

三星堆3号坑中的那个被认定的新发现青铜器（图1），我说这是一个谜题，发掘完毕也许就能破解。但是，笔者和许多关注三星堆的人一样，会有一些猜想，希望是个合理的猜想，或者能成为严谨研究的开端。

这组器物因为显得有些奇特，难得叫出合适的名字，被发掘者暂时戏称为"奇奇怪怪"青铜器。

是很奇怪，一个方台里伸出两条显得"调皮"的双腿，一只长指头的手抚着台沿，没有看到明确的身首。方形台子的下面，是另一个四角支着圆形粗腿的方形盒子，台子正好套入盒口。方盒的四足接着多层圆形底盘，圆盘下似乎又有相似的四足。

图1　三星堆3号坑出土"奇奇怪怪"青铜器局部

　　这是不完整画面观察到的基本组合状态，至少上部还有缺失。

　　方台子、方盒子，让我们想到以前2号坑中出土的296号青铜祭坛，虽然也不一定就是祭坛。它的主体就是一个方尊造型，四方也有支撑，但不用四足，而是四个力士。下面是圆形托盘，托盘下有双飞神兽和驭手，最下面又是一个圆形托盘。

　　看到这方圆组合，我很快想到这也许是又一座祭坛模型。这种方圆混同的结构，体现着一样的创意。

图 2　三星堆 2 号坑出土 143 号青铜神殿顶盖

孙华先生曾经就296号神坛的复原方案进行过讨论，我后来也发表过修正意见。孙华觉得它残失的上部，应当是同坑出土编号为143号的一个残件，称为神殿顶盖，重要的是它的上端是一个跪着的人形（图2）。这个跪着的人形身首已失，但双足显露出值得注意的特点，足尖也是很夸张地上卷，应当是赤脚。它的腿肚一侧铸出眼形纹。神殿顶盖的四侧，各见3个带连珠圆环的太阳图形。其实底座神兽的鼻侧，也见到类似的太阳纹，也值得注意。

图3 三星堆3号坑出土青铜器双腿侧面　　图4 三星堆2号坑出土143-1号青铜神坛残件腿部

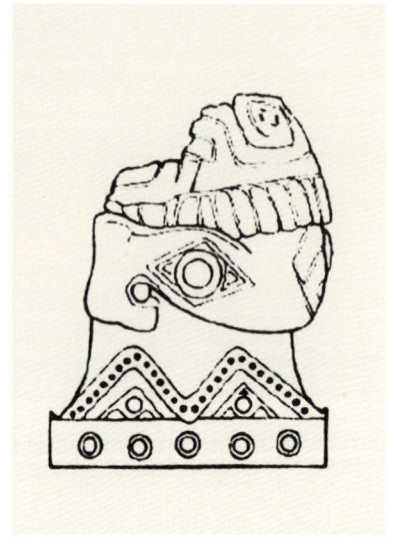

再回头看看，这个奇奇怪怪的物件，方盒体的四周也各见3个完全相同的带连珠圆环的太阳图形。那一双被认为是坐着的跷脚腿上也有眼睛图形。这一双脚似乎也并不是正由方盒里伸出来，它其实应当并没有连接盒体（图3）。更重要的是，也许它不应当是正襟危坐的姿势，原本应当也是跪姿，换个角度观察，恰与上面说的143号跪姿完全吻合。那卷起的赤脚也是一样的，对比一观，一目了然（图4）。

带有人形的祭坛，这么一看似乎渐渐清晰起来，"奇奇怪怪"也就变得不那么奇怪了。即使不是祭坛，它与296号组合器也属于同类，作用同一。

一场关于三星堆 3 号坑新见神坛的"越洋"对话

王仁湘：中国社科院考古研究所研究员

许杰：美国旧金山亚洲艺术博物馆馆长

许杰：王先生好。看到这篇文章《三星堆 3 号坑出土"奇奇怪怪"青铜器》，一如既往很精彩，比如对双足是跪坐姿态的认定等。

王仁湘：猜了一回，等待最终结果。

许杰：我看了相关照片后也有一点体会，奉上请教先生。

王仁湘：候着。

许杰：我觉得这个不是一个坐人，可能还是一个人头顶东西，而那对脚与他没有关系。我来解释一下。

王仁湘：嗯。

许杰：假设是个坐人，那么他双手扶着方座侧，大拇指在前端。如此，人的手臂形态极别扭。而头顶方台的话，双手的形态就自然了。而且从大拇指的位置看，现在照片显示的人物"腹部"其实是后脑和头颈（图1、2）。

许杰：我从网上下载的这张局部照中似乎可以看到一条微微凸起的圆弧线，应该是后脑的发际线。

王仁湘：嗯，太有意思了，顶尊者。

许杰：这张照片是2号坑出土的微型顶尊人像。[1]为了表现双手扶尊形象，把手掌也处理得比例过大，但双臂形态和手指形态很自然。而后脑正是圆弧的发际线。

图1　三星堆3号坑出土神坛

---

1. 见本书《三星堆3号坑出土青铜顶尊跪姿人像观瞻小记》图14。

图 2　三星堆 3 号坑出土神坛

王仁湘： 接近正解了。

许杰： 把大作中的这张照片倒过来看，圆形立柱上有兽目。在人物顶东西的情况下兽目是正常的，否则就上下颠倒了。这更表示确实应该是人顶方坛。

王仁湘：嗯。

许杰：但那对腿太匪夷所思了，还需解决。期待更多的发掘信息。也期待先生的更多新作。我近来才知道"器晤",[1] 太着迷了。

王仁湘：嗯，我们共同努力。双腿位置肯定不是原状。我最近要理理顶尊人问题，有新的发现。

许杰：很荣幸可以和先生协力。如蒙不弃，我早前奉上的拙作中对顶尊人像有一些看法，谨供参考。

许杰：很高兴发掘者印证了我的推断。

王仁湘：昨天去现场看到了，没问题，但发掘者坚称双脚是原装的，那就太怪了。

许杰：谢谢。脸部还看不清楚。没关系。发掘者以后一定会有清晰照片。

近日应邀再次前往三星堆发掘现场，特地考察了这件奇怪的器物，因为发掘又有深入，观察更为清晰，解决了一些疑难。许杰馆长的判断是正确的，将器物倒过来一看，就妥妥地了。

这个例子告诉我们，变换角度，许多问题说不定就能迎刃而解。

我不仅在现场观察、拍照，还与发掘者交谈，他们所持看法，

---

1. 王仁湘先生所创公众号，发表其原创考古类文章。

图 3　三星堆 3 号坑出土神坛

图 4　三星堆 3 号坑出土神坛局部

与许杰先生相同，那就是一位勇士头顶祭坛的造像。勇士头顶方坛，双手扶着坛底。上面顶起的坛体又变作圆形，方圆契合。只是勇士下身残断，结构不明（图3、4）。

这件器物在3号坑中，主要发掘人是上海大学徐斐宏，虽然我没有看清他防护服里口罩内年轻的面孔，可从他的话语里已经感觉到了敬业与真诚。

我特别问到了那看似由方坛里伸出的两条腿，虽然我怀疑它并不在原位，而且判定它是跪姿的写照，但我的关切还是离不开它是否在原位，是否与方坛是连为一体的。

这位徐博士非常肯定地说，是连为一体的，可究竟为何双腿会从那儿伸出来，也一时难于回答。他主动与我加微信好友，以继续后面的交流。

没过多长时间，徐博士就发来了关键点位的图片，两条腿与方坛接合的细部特写。他的说明文字是：我们判断应该还是连着的，裂缝是埋藏后出现的。双腿与方坛之间有明显的缝隙，这不该出现在此处的腿，似乎仍然是个谜（图5）。

如果原本如此，我们暂时还找不出它们之间的逻辑关系，这是我和许杰馆长共同的疑惑。

也许有人会问，散落的那两条腿怎么会正好并排出现在那里？其实从徐博士发来的图片可以看到，那双腿本来是联铸在一起的，它们拥有不必左东右西的理由。

图5　三星堆3号坑出土神坛，双腿的位置，与神坛似连未连

在精致肃穆的时空里：
图说三星堆8号坑青铜神坛

三星堆的发现，一次次让我们感到震撼。青铜诡秘的造型，内涵的不可思议，古蜀人用他们的智慧一次次考验着我们的理解能力。

新近出土的一件青铜神坛，数月来我曾多次往现场观摩，已经受到了它强大引力的感召。最近这件神坛已经由8号坑中取出，多角度拍摄的图片让我们观看到许多的细节，尽管没有直接地观察，但脑子里留存的印象却也非常深刻。这尊神坛共3层，上部有神兽，下部是台基，中间部分是一组铜人像。古蜀人精致的制作，还有完美的创意，再一次震撼了人们（图1）。

关于这座神坛的大致情形，我们看到了媒体的粗略描述和有的研究者如卜工先生的初步记述，我先将这些资料在此简略作个

图1　三星堆8号坑出土神坛

叙述。

　　卜先生说，8号坑出土结构复杂的神坛让人耳目一新，可以看出其结构大致分为三部分，最下面是方形台基，方形台基上有12个小人，分为3组，每组4个人，动作和服饰各异。有的是跪坐的，脸朝外，双手呈持握姿态。每一面中间各有一个坐姿人，发型和身上的衣服都很特别。另外，还有4个人跪在立柱上，肌肉很强壮的样子。有4人扛着轿子一样的东西，上面抬着小神兽，小神兽的尾部和胫部之间还有一个人跪着，但这个人从腰部以上残断。这座神坛的完整高度，应该在1.55米以上。

图 2　三星堆 8 号坑内与神坛共存的器物

卜先生还特别提到，8号坑中至少有2个神兽的个体，一个在神坛旁，另一个在神坛之上。神兽四腿粗壮如柱、大耳垂肩，与大象极为相似。神坛上被抬着的神兽，可以断言是大象。三星堆和金沙遗址出土大量象牙，说明了古蜀先民与大象的不解之缘，考古也应当会发现大象的雕像（图2）。[1]

这样的描述，已经将神坛的大体内容说明白了，但也还有一些细节值得梳理。以下便是我的观察所得的印象，分几个小题叙述：

---

1. 卜工：《吹尽狂沙始到金》，《红星新闻》2022年06月14日。

一、四方坛

　　神坛的底座为方形，因此称为四方坛。底座为三阶式，从上至下，一层大于一层，感觉高大的坛体比较稳固。

　　坛座空体，上面一层最高，铸成镂空的纹饰。镂空的纹样，主体为尖叶形状，以四角为支点延展一周，形成二方连续式构图。下沿是一周目云纹，接近窃曲纹，但有明确的圆圈状眼目，与三星堆铜器上的流行装饰相同，这也是商代铜器的流行风格。

　　坛面也装饰有精美的纹饰，也是以目云纹为主基调，平平展展，感觉如地毯一般，可能表现得真就是地毯。不过再仔细一看，坛面的四沿都有2个凹槽，形如屋檐上的瓦当滴水，这个细节为了解神坛提供另外的解释途径。

　　坛上置有至少8个小台，小台外表一周都有连珠云纹装饰，可称为云台。云台有大小之分，四角方向放大云台，大云台上方下圆。大云台之间是镂空成云状的小云台，小云台上置有几案形坐具。坛上的一色人等，就跪着、坐着在上面，穿戴各异，表情不同，扮演着各自的角色。

　　坛形取方取圆，应当有讲究。

二、四力士

　　坛上的重心，是4位抬杠力士像，力士各自跪立在下圆上方的

图 3　抬杠力士跪坐在云台上

台座上（图 3）。

　　神坛上的力士雕像，身着华丽的上下装，见有流畅的几何纹饰，裤管一侧有眼形纹，系有腰带。力士断发，面部表情比较夸张，似乎表示都戴有面罩（图 4、5）。虽是双膝跪着，但双肩抬起，昂首挺胸，显得力大无比，称他们为力士，觉得合适。

图 4　神坛四力士似乎都戴有面具，断发

图 5　神坛上的力士雕像，身着华丽的上下装，见有流畅的纹饰，裤管一侧有眼形纹，系有腰带

三、井架杠

四力士以双杠抬物，前后二人合组，左右二人结队。

力士抬扛，左边的二位扛头放在右肩，右边的则放在左肩，双手都紧扶着杠头。从上方看到前方力士肩上的杠头上，还有左右连接的双扛。这样看来，虽然抬杠有残断，双抬杠总共应当有八根杠子。如果称为八抬或八大抬，还不是很贴切，那得有八人抬。

四力士肩头的双杠，组合成井字架，这样的抬法，应当比较稳固。看到这样的抬杠，自然要想到现代汽车底盘的井字架，消防支架也是井字架，是一种稳固的物理架构。神坛上出现井字架，表明古蜀人有过同样的抬物行为，完全是现实技术的再现。

四、四坐者

四力士面朝同一方向，四力士之间分坐四小铜人，但小铜人分别面向四方（图6、7）。小铜人垂足端坐小几之上，几下是镂空圆形云台，将铜人托起。将五指并拢的双手放在双膝上，圆睁大眼，咧嘴龇牙，神色略显恐怖。口中露出上下牙齿，这是三星堆所见雕像中少见的表情。头戴五梁冠，又似五绺发式，有些许张扬。

小铜人身穿对襟无纹紧身衣，腰中束带。脚上是翘头靴，双脚左右分开，踏在云台之上。

小铜人在神坛上的角色，暂时还无法判明。

图 6　小铜人的坐具放置在小云台上面

图 7　端坐的小铜人

128　　　　　　　　　　　　　　　　　　　　　　　三星堆：青铜铸成的神话

神坛场景中突然现出坐姿，这让我也深感惊诧。所见的坐具，高度与小腿长度接近，与几案区别不大，但应当是专用之物。这个现象非常重要，表明古蜀时代的起居方式有了超前的改变。我们知道中原的传统坐姿，是跽坐，席地而坐，是将臀部落坐在足跟上，而垂足坐姿的流行，起于北方文化带来的改变，这个改变出现在南北朝时期，到唐宋时才成为起居规范。有了三星堆神坛的发现，我们以往的结论可以考虑作些订正了。

神坛一角，还发现有一个跪姿拱手戴冠小铜人。发掘者以为四角各有一位这样的铜人，如果有，也是不能明白扮演着什么角色。

五、背罍妇

神坛上还有一个更小的铜人，位置是在坛面的中央。这一件铜人像如指头大小，不仅体量很小，还因用背带背着一个罍，显得姿势非常特别（图8）。小铜人跪在一个半球形凸堆上，面部似现出笑意。更重要的是，这件雕像胸部突起明显，感觉塑造的是一位女性，故此称之为背罍妇。

三星堆原先出土过顶尊人雕像，也是因为胸部突起而被一些研究者目之为女性。顶尊女、背罍妇，女性题材出现在三星堆古蜀人的雕塑中，值得关注。

有人说，这个背罍妇雕像可能是神坛的中心，倒是处在神坛上的位置中心，但未必是原先的创意中心，我想在后面再作研判。

图8　三星堆8号坑出土神坛主体，中心发现更小的背罍铜人像

六、大神兽

在8号坑发掘现场，我们可以看到平置在坑中的神坛，它附近还有许多青铜器，最显眼的是两尊神兽（图9、10）。神兽一尊较大，放在神坛底座附近一侧。另一尊较小，处于神坛顶端。上面这尊神兽，正是力士们合抬的圣物，原本应当是固定在井字抬架上的。

这样的神兽形态非常特别，肥硕的体态，粗壮的四肢，大嘴大耳，好不威风。这样的神兽，这次发现至少有两尊。其实我们对它并不陌生，原先2号坑中出土的神坛，底座就是这样的神兽，而且那还是有翼神兽，翼展高举欲飞。卜工先生说这就是大象，出土那样多的象牙，青铜器中应当会表现大象。过去唐际根先生也发表过类似观点，秉持神兽为大象之说。我不觉得它一定表现的是大象，

130　　三星堆：青铜铸成的神话

图 9 三星堆 8 号坑发掘现场，神坛附近有许多青铜器

图 10 神坛上方与侧边都有神兽

究竟与现实动物有何关联，还需要进一步研究。

还有一点要提到的是，神兽的颈部拴有套索，方便开解。套索用铜丝拧成，可惜末端残断了。

将神兽这样高高抬起，让它出现在神坛顶端，这样的仪式其实非常特殊。不过这次在8号坑中，还发现另一尊神兽，神兽站立于铜方座上，方座下面有残断的圆形抬杠，显然它也是被抬起的神兽，这是四力士抬神兽场景的一个旁证。这表明古蜀人有这样的祭仪，有可能经常这样行祭。

七、跪兽者

神坛上的神兽背上，在神兽头尾之间，还跪立着一个小铜人（图11）。这个跪立小铜人，着装也是短袍服，衣服上有几何纹饰，脚蹬翘头靴，系有腰带。而且裤管一侧也有眼形纹，这个铜人整体感觉与四力士没有明显区别。但因为上身缺失，小铜人的手势与神态并不清楚。

小铜人缺失的上半身，在后期资料整理中也许会发现。这让我想起2号坑中出土的一件半身铜人像，它戴着一顶如神兽头一样的高冠。在研究同出的神坛时，我将这个铜人放到了坛顶，它缺失的下半身正是在坛顶上。[1] 有意思的是，这下半身也是跪姿形态，也是翘头靴，裤管一侧也有眼形纹。

---

1. 见本书《三星堆2号坑296号青铜神坛复原研究》图12。

图 11　三星堆 8 号坑出土神兽

　　这件 2 号坑出土的半身铜人像，我觉得可以试着借用一下，放到 8 号坑的神坛上方，似乎可以与那个跪坐铜人拼合起来。如果本来并非是一体，也可以想像铜人的复原方案，这是一个很好的借鉴。

　　我觉得坛顶上的这位小铜人，才是神坛的中心所在。推测那根拴在神兽颈部的绳索，末端是攥在这位跪着的铜人手中，表明这是个驭手的角色。驾驭着神兽，这是要往哪里去？那样被高高举起，一定是向往着远远的空天吧。

八、方圆说

　　虽然有一些缺憾，但这神坛大体是完整的，给我们的印象也比较清晰。力士抬起神兽，神兽上跪着通神者，向往着更高更远的神灵在吟唱。

　　三星堆发现的几座青铜神坛，以表现献祭或祭拜神灵活动为主，而且是以太阳崇拜为主，是古蜀时代精致诡谲的艺术品。

　　三星堆出土的青铜神坛，造型比较壮观的不少于3座，底座有方有圆。2号坑和7号坑所见神坛为圆形底座，这次8号坑神坛却是明确的方形。古蜀人对神坛方圆的选择，应当循着固有的理念，是否有天圆地方这样的理念作指归，也还不能得到确切的答案。但这是一个值得注意的现象，需要深入研究。

　　后来中原文化传统，祭天之坛为圆形，祭地之坛为方形。三星堆圆形神坛大约相类，应是祭天礼拜太阳设计理念的表达，而且神坛上都有一些太阳的图符。新见的神坛并不能说与祭天有关，也不能明确与祭地有关，但方坛却导引着我们作这样的思考，我们期待着定论早日到来。

　　这一座方坛，是一座静止的坛，坛上的一众铜人不是跪着就是坐着，没有明确的动势。这原本应当就是一个摆设，为的是营造一种虚空的神秘气氛。古蜀人制作神坛的意义，就是想创造出虚拟的世界，有了这样的虚拟世界，人们的思想就有了更大的活动空间，这是心的世界，它比天地宽，比宇宙大，可以任由驰骋，任由飞舞。

　　三星堆考古揭示的由艺术创设的虚拟世界，属于古蜀，也属于古华夏。这是古蜀人的灵魂居所，也是古华夏人安放灵魂的地方。

　　（感谢三星堆发掘的组织者与参与者，感谢四川省文物考古研究院唐飞院长的支持，感谢新闻媒体的各路摄影记者。）

鸟人何来：
三星堆 8 号坑出土鸟人神坛

三星堆鸟足曲身人顶尊造像，原来也是一座神坛。

在三星堆的新发现中，我们的注意力被一件非常奇特的青铜器造型所吸引，它就是在媒体报道中所称的"顶尊蛇身铜人像"或"鸟足曲身顶尊神像"，也是出土自 8 号坑中。起初在发掘现场，无论由哪个角度也看不明白青铜造像的模样（图 1、2）。一当取出观察，这件造像的无常与阿娜，让我们感到迷惑，加之又与 2 号坑中早先出土的一件无解铜器意外合体成功，更加让我们如坠江河，思路如波击涛涌，不知何处是岸（图 3）。

有报道说，8 号坑新发现的这尊造像分为三部分，中间是一个人

图1 三星堆8号坑发掘现场

图2 三星堆8号坑发掘现场

图3 三星堆2号坑出土青铜人身鸟爪形足人像

136　　三星堆：青铜铸成的神话

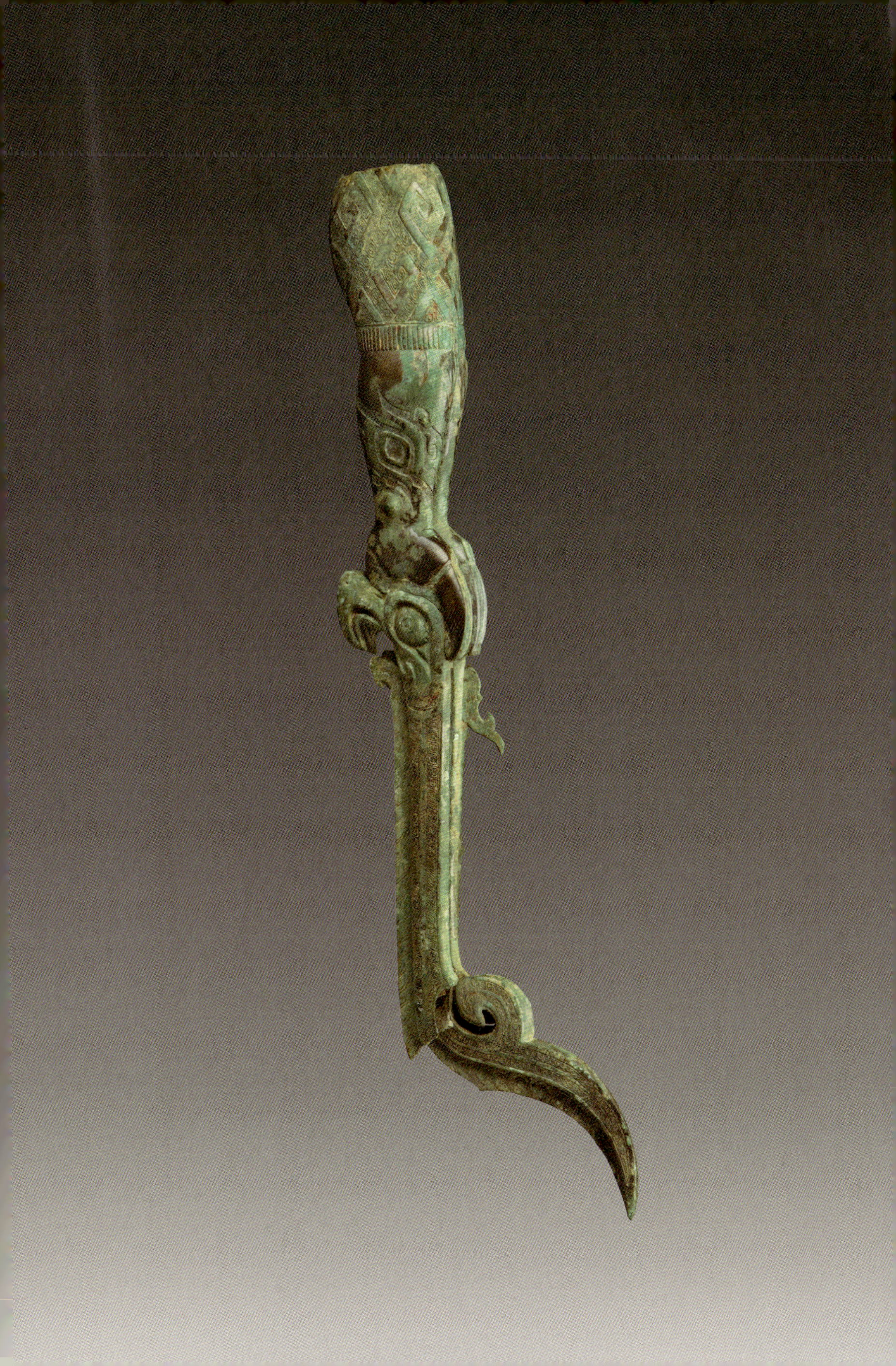

首蛇身、凸目獠牙、戴有牛角面具的铜人像，它的双手撑在一个带方座的青铜罍上，头上还顶着一个朱砂彩绘觚形尊，但在坑里没找到它的下半身（图4）。专家通过研究，找到了2号坑出土的这个下半身，原先称它作"青铜人身鸟爪形足人像"。青铜人身鸟爪形足人像穿着云雷纹紧身短裙，两腿健壮，双足似鸟爪突出，又踩在两只怪鸟头上。

开解这尊造像的意义，其中的人形属性也许是关键所在。观察后获得的印象是，造像中的人形，与三星堆以往所见显出有明确的不同。首先这是一件曲体的全身造型，并非是蛇体，本质还是人形。但由全体的足部观察，双足又是鸟爪，鸟爪式足又是踩在双飞鸟的头部，作齐飞之势，故此我愿称之为"鸟人"（图5、6）。鸟身之人，神鸟，就是一类神灵无疑。

鸟人是谁？

在古代神话传说中，我们可以找到许多人面鸟身的神人来对号入座，这里我想减省那些冗余的叙述，直入主题。

我注意到媒体报道中，提到了人面有獠牙，到昨晚才看到一帧正面图片，那真

图4　三星堆8号坑出土鸟人神坛

三星堆：青铜铸成的神话

图 5　鸟人神坛与 1986 年 2 号坑出土青铜鸟爪形足人像意外合拢

图 6　两件器物合拢后全貌

鸟人何来：三星堆8号坑出土鸟人神坛

的就是獠牙，是我曾心心念念的獠牙（图7）。我曾梳理过相关资料，写成《獠牙神面》一文，但在搜索三星堆的资料时，只发现一件铜铃上有獠牙图像，而且明显是中原风格，是兽面獠牙。

这次的发现不同，这是明确的人面或神面獠牙，这是三星堆唯一的发现。人面口中出露四颗獠牙，尖尖的形状，两上两下，上牙在外侧，下牙在内侧，排列规则有序。我又一次感到惊诧，不能理解三星堆为何有这样的发现。因为按照过去研究的结论，是以距今4000年为界，约8000年至4000年前，流行獠牙神崇拜。而从4000年前开始，人形神灵依然在，但獠牙消失了。

我研究的一个心得是，在史前艺术中，有一些半人半兽的艺术形象，不论是绘在彩陶上的或是刻画在器物上的，这样的形象都被我们认作是神面，是神灵人格化的偶像。这样的神面，表现有特别的恐怖感，你觉得它像人，但并非是人。神面的狰狞模样，在史前艺术的表现上大约是一个通例。圆瞪的大眼，龇出的獠牙，恐怖之态令人惶惑。

湖南发现的高庙文化是以独特的白陶为重要特征之一，数处遗址发掘的许多白陶上刻画压印有凤鸟、八角星和兽面神像等图案，年代可早到距今约7800年左右。高庙文化白陶上的兽面神像，一般都

图7 鸟人神坛人面的獠牙

图8 湖南千家坪出土高庙文化白陶鸟翅上的獠牙兽面　　图9 湖南高庙出土高庙文化陶器上刻画的神面纹

只是表现有一张或方形或圆弧形的嘴，龇出长长尖尖的上下獠牙，象征神面在飞翔（图8、9）。高庙文化白陶上的神面之獠牙，通常是上下各一对。

北方大约与此同时或是稍早，距今约8000年前辽河地区分布着兴隆洼文化，在这一支考古学文化中也发现了带獠牙的神面雕刻，目前所见有几例玉石制品。兴隆洼文化的这几例神面非常重要，都是比较齐全的神面，有嘴牙眼鼻。这是史前中国发现的早期神面艺术，南北都非常强调獠牙的细节，暗示着已经存在艺术交流与信仰认同（图10）。

在大仰韶文化中，在一件彩陶上，见到了獠牙神面。在陕西临潼马陵遗址的一件陶瓶上，绘有一个戴着尖顶帽的神面，一双圆圆的大眼，宽大的嘴角向上龇出一对大獠牙。神面的左右，还绘有一

鸟人何来：三星堆8号坑出土鸟人神坛

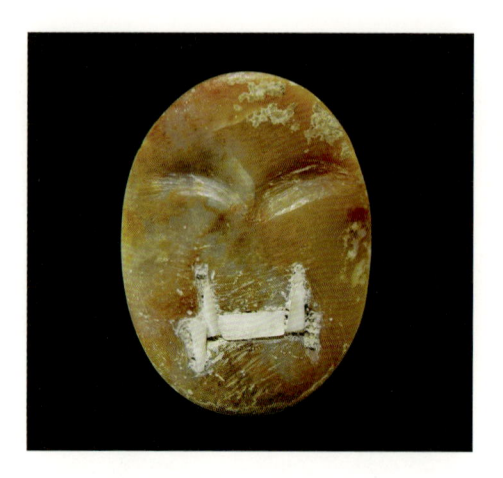

图 10　内蒙古林西县白音长汗出土兴隆洼文化玉獠牙神面

图 12　良渚文化玉三叉形器上的獠牙神面（瑶山 M7：26）

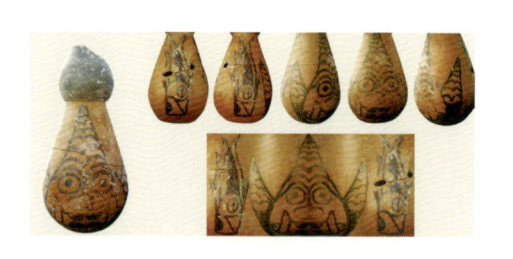

图 11　陕西临潼马陵出土半坡神面鱼纹彩陶壶

图 13　良渚文化玉三叉形器上的獠牙神面（瑶山 M10：6）

对倒立的大鱼（图 11）。

　　良渚文化玉器上雕刻的神面与神像装饰在一些玉牌、玉钺和玉琮等礼器上，神面刻有向上与向下龇出的獠牙。良渚人制作的神面，有的神面是有体有面的完形，而大多都是简化的只有嘴与眼的脸面（图 12、13）。检索良渚这些微刻的神兽面像，几乎无一例外都有龇出嘴外的上下獠牙，上牙在外侧，下牙在内侧。

　　主要分布在江汉地区的石家河与后石家河文化也发现不少玉器，其中有一些神人像和神面像。在湖北天门石家河遗址的先后几次发

图14　湖南澧县孙家岗出土后石家河文化玉獠牙神面

掘中，都有玉神面出土。有一件玉神面头戴鸟形冠，隆准大眼，带有长而尖的两对上下大獠牙，上獠牙在内侧，下獠牙在外侧。

在湖南澧县孙家岗遗址的发掘中，也发现了一件典型的后石家河文化玉神面。神面有左右伸出的鸟形冠饰，两对獠牙尖锐而长大，采用阳刻技法雕琢非常精致（图14）。

国外其他博物馆见到的几件石家河文化风格的玉神面，一般也都饰有鸟形冠，上下各有一对长长的獠牙，獠牙也都显得非常尖锐。

三代遗存中也发现了一些玉雕神面，特别是在商周时期的墓葬中也偶有出土。许多研究者认为这些玉神面都与石家河文化有关，并非是三代时期所制作，这样的认识大体已经成为共识。最值得关注的是在山西曲沃羊舌村西周晋侯大墓中出土的一件神面玉饰，玉神面扁平形，双面雕刻神面。正面阳刻狰狞兽面，臣字形大眼，上下均有一对长长的獠牙龇出。这样的玉神面带有鸟形冠饰，也属于石家河文化风格。

白陶的压刻、玉石的雕琢、彩陶的描绘，这三次艺术浪潮掀起的造神运动，留下了类同的神形，按照相同的密码造势。这已经不只是艺术层面上传统的延续，而且是信仰体系层面上的认同，这两方面都值得进一步研究。

对史前中国艺术创意中的獠牙神面，大体可以得出这样几点印象：流行年代大约在距今8000至4000年前，在南北地区大范围流行；獠牙构图基本类似，上下各一对，上牙居内下牙居外，风格一脉相承。这样看来，獠牙神在史前有大范围长时段认同，这可以确定是崇拜与信仰的认同。

我曾以为商周神兽造型的通例，一般没有带獠牙的人面出现，甚至还以为"三代再无人面獠牙神像"。这次三星堆的发现，修正了这样的认识，当然还是觉得它延续的是更古老的传统，与白陶表现太阳神一样，鸟兽人合体，龇牙咧嘴，翔止自如，神性满满。

三星堆这次发现的"鸟人"，除了尖尖的獠牙，还有圆圆的纵目，这就是传说中古老太阳神的造型。

耸立的太阳神，似乎正高飞在空中，上面的尊中酒，下面的罍中玉与贝，是虔诚的奉献。这不又是一座神坛么？明明就是又一座太阳神坛。

络腮胡：三星堆现"胡人像"影踪？

三星堆出土的各类雕塑艺术品，特别是青铜类的艺术品，有很多表现的是人与神的形象。我们习惯上将那些面目狰狞一些的称为神像，另一些表情和善一些的称为人像。其实两者之间的界限也并不是很清晰，有的也很难确定是人像还是神像。

虽然这些雕像多数可以归入神像之列，但仍有不少更具人的特征，它们是人像。即便是人像，在五官表现上也有一些怪异之处，所以常常被当作外域之人，也正因为如此，有些人判断三星堆属于外来文化遗存，不属传统的华夏文化体系。

我一直对这样的说法持审慎态度，并不认为三星堆属于外来文化的遗存，也不觉得受到过外域文化明显的影响。直到前些时翻检起《三星堆出土文物全记录》，[1]突然看到一例特别的小青铜人像，我便开始有了一丝怀疑。因为我的直觉印象告诉我，它会是一尊胡人造像么？

我不想马上得出什么是与否的结论，但这铜像时不时地会不断从头脑中挣扎出来，我觉得还是要将疑问写出来。过去似乎并没有人谈起过它，那是因为在正式考古报告中没有提到，许多人也许没有机会注意到它。不过在微信圈我还是发现过它的影子，它出现在三星堆博物馆的展柜里。

这是一件小跪坐青铜人像，编号K2:296-3，图片有"头似盘辫，双臂平抬，双手握物，双膝下跪"这样的说明。标明残高2.4厘米、宽2厘米，比起那些巨型青铜造像来，确实显得很小（图1）。

这件小铜像是个残件，推测是某类青铜组合件中的附件。它非常引人注意的是，除了那个特别的"盘辫"，还有一脸的胡须，那是非常显眼的络腮胡须。如果那不是盘辫而是头箍，再加上络腮胡须，它就是一尊胡人铜像了。

冷不丁冒出这么一尊大胡子胡人像，这如果是事实，是真相，我是不愿意接受的，相信许多研究者也都不愿意接受。

我在寻找，它是孤独的一位呢，还是有另外的同伴呢？我觉得自己很快就找到了答案，它并不是孤身一个，而是一大拨，它们隐身在一座神坛里。这是原先发掘的2号坑中的一座青铜神坛，编号K2：296。那座胡人像的编号是这神坛的一个附号，可以想见当初有

---

1. 四川省文物考古研究院等编：《三星堆出土文物全记录》，天地出版社，2009年。

图1 三星堆2号坑出土青铜小跪坐人像

过这样的推测，它们属于同一组器物。

仔细一看，神坛上部的方形坛体四面，每面应当是跪着4个铜人。它们是一样的姿势，一样的穿戴，一样的留着络腮胡须，而且大小也都是一样，可以确定那个小铜人就是由神坛上掉落下来的（图2）。

再仔细些查找，另有一些收获。三星堆还有一件青铜小人面像，编号K1:20，它是一种浅浮雕样式，"形体小而薄"，宽9.2厘米、高7厘米。发掘报告说，这"是三星堆祭祀坑中出土的唯一的小人面像"，我注意到它的脸颊上出现的似乎也是络腮胡子，头顶也有头箍（图3）。

三星堆青铜雕像中，出现头箍的还有一些，过去有人将它与彝族人作比对，但因没有考虑胡子问题，认识有局限（图4）。

胡子问题，其实很重要，我指的是络腮胡子。络腮胡子在古代，是胡人的重要特征，这一点我在下面要提到。

这样看来，难道三星堆人与胡人

络腮胡：三星堆现"胡人像"影踪？

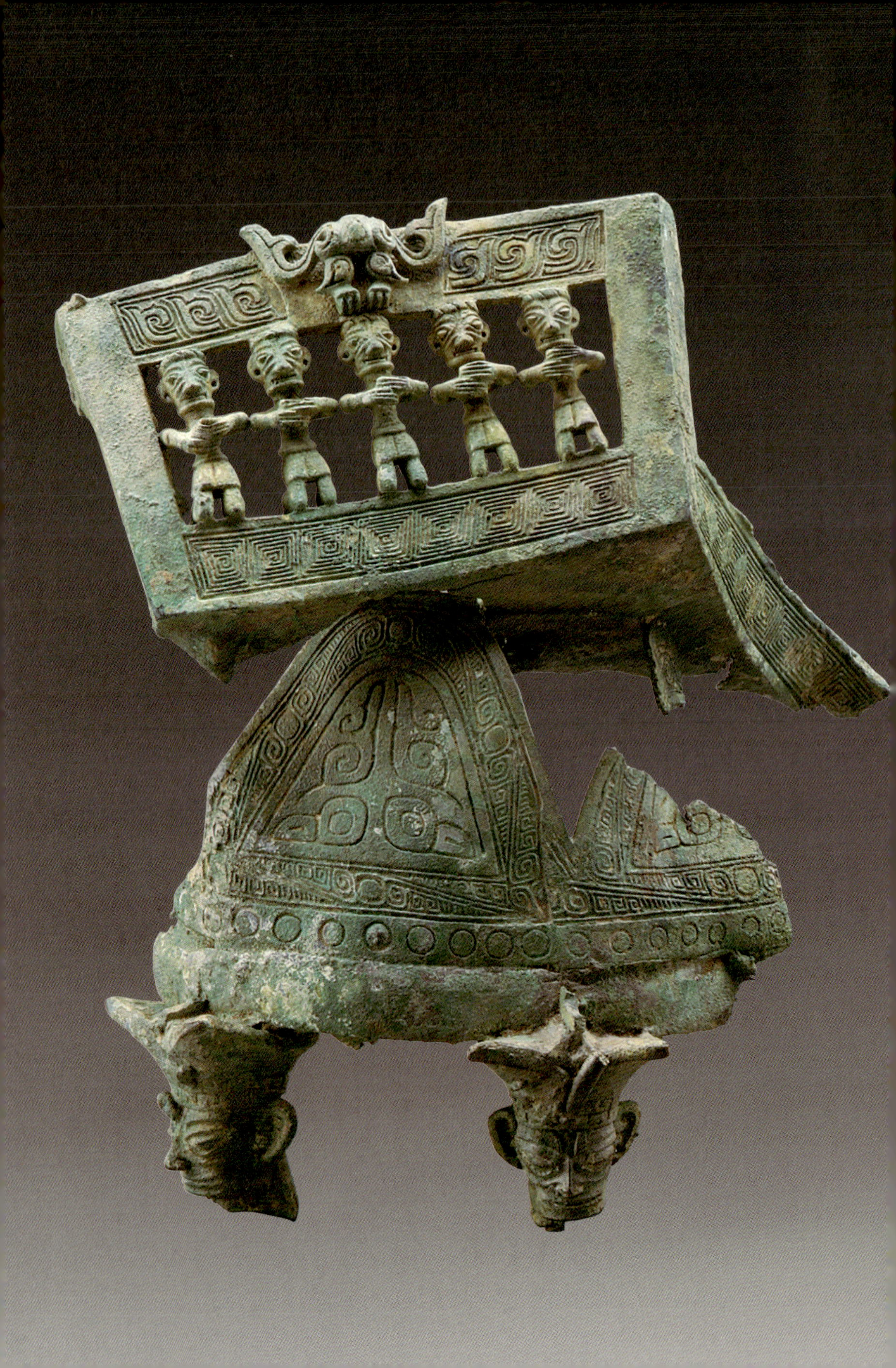

图2 三星堆2号坑出土青铜神坛

图3 三星堆1号坑出土青铜人面像

图4 三星堆2号坑出土青铜人头像

图5　广州汉代托灯胡人俑

真有过往来？这让我想到汉代张骞的故事，想到西域胡人，想到追逐商品利润的胡商也许在张骞之前就到了蜀地。当然也想到胡人出现在三星堆人的神坛上，会有怎样的文化意义。

胡人到了蜀地到了中土，这在汉代应当并不稀罕，因此汉画和汉代雕刻，并不稀见胡人画像与雕像，络腮胡子是一定不会忽略的（图5）。而唐宋元各代更是如此，我们在出土的艺术品中见到许多例证。

我们知道，中国早期艺术品中出现的人像，艺术家们并不乐于表现胡须，或者说绝对见不到络腮胡须。这是为何？因为平日里不易见到这样的形象，艺术家们不会凭空想象出来。

古今人称面部之须叫"胡子"。现代将面部须发都统称为"胡子",古人分得很细:唇边是"髭",下颌是"须",腮边是"髯"。"胡子"这一称谓或说与古代少数民族"胡人"有关。王国维先生持此说:"中国人貌类胡人者,皆呼之曰胡,亦曰胡子。"

魏时泛指西域人为胡人,隋唐后指西北、北方的少数民族。秦汉时中土人已注意到胡人的体貌特征,《汉书·西域传》有记述说:"自宛以西至安息国……其人皆深目,多须髯。"这说法采自《史记·大宛列传》:"自大宛以西至安息,……其人皆深眼,多须髯。"有人认为胡人"多须髯","胡子"就成了一个特别的代名词。

关于胡子,王力和沈从文都曾认真讨论过。古中国人也有留胡子的,历史上也留下不少美髯公故事,如关公与曹操等。古中国人最喜欢留一种"八字胡",左右分两撇,是中国经典的胡子样式。而络腮胡明显不同,它原本不是中土的特产。

我们知道伊朗人对络腮胡非常推崇,几乎所有的伊朗国王都留有络腮胡。人类学家约瑟夫·丹尼克尔(Joseph Deniker)发现,胡须和体毛最多的人群包括:阿伊努人、伊朗人和澳大利亚原住民、托达人(Toda)、德拉威人(Dravidians)和美拉尼西亚人(Melanesians),而美洲印第安人、布希曼人、中国人和马来人相对少须。

我们现在看到身着大袍加披风,包头巾戴头箍的形象,那是阿拉伯人的样子。头箍用驼毛做成圆状环,或黑或白,年轻人喜欢粗重的头箍,系有飘带,显得俊美潇洒。

我还注意到,内蒙古呼和浩特市艾博云集博物馆收藏一组元代陶俑,其中有两个装束和造型与众不同的仆吏陶俑,"一高一矮都是

图 6　内蒙古呼和浩特市艾博云集博物馆藏元代胡人仆吏陶俑

高鼻梁、鹰钩鼻子、深眼窝。高个子仆吏俑穿件大袍子，不系腰带，留着络腮胡子，裹着大缠头，是典型的波斯装束；小个子仆吏俑戴一顶高耸的螺旋状帽子，顶上带有大鬏，也留着阿拉伯人的络腮胡子，凹眼睛，鹰钩鼻子。很明显，他们来自域外"（图6）。[1]

这戴着头箍，脑后还拖着一条发辫的阿拉伯人雕像，看起来与三星堆神坛上的小铜人十分相似。如果当初那些留着络腮胡子的古波斯先人没有来到东方，没有来到古蜀，那一组小铜人又如何会站立在神坛上呢？

---

1. 娜丽莎：《元代陶塑的艺术魅力——以内蒙古艾博云集博物馆元代陶俑为例》，《中国艺术》2011年1期。

器与纹

连珠纹：
彩陶与铜器对谈

古代传统装饰纹样中有一种连珠纹，以往有许多研究者关注过它。就纹样本身研究应当不易深入了，但是因为最近一系列瞬间的遇见，还是燃起了我的一些兴趣，似乎有了些不吐不快的感觉。于是草成下面这些文字，是对自己也是对有兴趣的研究者做出的一个交代。

古代装饰纹样中的连珠纹，就是连续排列的空心小圆圈或是实心小珠子形状，一个珠子挨着一个珠子，所以就称作连珠纹，也有人习惯写作联珠纹。连珠纹有两种排列架构，一种为方框形或直条形，一种为圆环形，以圆环形架构为多见，可称为圆环连珠纹。汉唐织物图案中常见这样的圆环式连珠纹，这也是连珠纹主要限于纺织史范围研究的原因。

图1　三星堆3号坑出土不久的青铜神坛上的连珠纹与炯纹

　　三星堆重启发掘，吸引了许多人的目光，我也是如此。那些新发现诱惑真是很大，大到让人可以废寝忘食地去关注它。就在这样的关注中，我捕捉到了一个细节，这个细节恰与连珠纹有关。

　　在3号坑的发掘中见到一个奇特的器物组合，我判断这是又一件青铜神坛，它并不同于以往出土的那一件。其实自一开始露头，很多人都在注意它，我也反复讨论过它（图1）。由许杰先生的讨论发现，我们受拍照角度的误导，将神坛倒置观察，出现了本不该有的一些疑惑。当将照片倒过来一看，似乎就更加清楚神坛的组合状态了。[1]

　　比较以往和现在出土的两件神坛的异同，是开始进行研究的必设程序。比较中我发现了一些细部特征，是前后所见的两座神坛共

---

[1] 见本书《三星堆3号坑出土"奇奇怪怪"青铜器》与《一场关于三星堆3号坑新见神坛的"越洋"对话》。

图 2　三星堆 2 号坑出土的神坛底座神兽嘴部的连珠纹与焖纹

有的，这便是圆环式连珠纹。新见的神坛大方坛周边铸有不少于 12 个圆环式连珠纹，中间是商代青铜器上常见的涡纹，或者又称作火纹与焖纹，一般理解这是太阳的标识。所见连珠纹为乳钉形实心，不同于那种空心圆形，这是一种标准的连珠纹。

在原来出土的青铜神坛及一些附件上，发现有相同的圆环式连珠纹和焖纹，让人甚至怀疑两件并不一样的神坛，设计师也许是同一个人（图 2）。

先前出土的组合神坛的一些构件上，也都将连珠纹作为主要的装饰元素，如坛体周围、底座的神兽上，都见到了连珠纹。圆环式实心连珠纹，与焖纹同组，这是一种最经典的样式（图 3）。

那尊大立人铜像，看底座上也出现了连珠纹，只不过那是条形架构，与圆环式架构还是有区别的（图 4）。

三星堆过去出土的几件重型的大铜容器，也装饰有连珠纹，与

连珠纹：彩陶与铜器对谈

图3 三星堆2号坑出土神殿顶盖上的连珠纹与炯纹　　图4 三星堆2号坑出土铜立人像底座上的连珠纹

兽面纹组合在一起，相得益彰（图5—9）。不过这些铜器上的连珠纹，一般不见圆环式排列，圆环中的炯纹也并不与连珠纹同组。

　　三星堆见到的其他一些归属不明确的青铜铸件，也有装饰连珠纹的，如兽形耳、铜铃、小顶尊铜人等。兽形耳装饰的是标准的组合纹样，圆环式连珠纹与炯纹同组（图10—12）。

　　这样看来，连珠纹与炯纹同组是三星堆装饰纹样的一种突出风格。自然这也并非完全是三星堆时期的独创，它们应当也是来自中原的青铜文化。商周时期的青铜装饰纹样并不少见炯纹与连珠纹，当然连珠纹与炯纹同组的例证也并不多。如北京平谷出土的2件商代早期青铜器上就见到同组的两种纹饰，一件出现在铜盘内的中心位置（图13），另一件是铜盘内的鳖纹装饰（图14）。这后一件的圆环式连珠纹加中心的炯纹，铸造得非常精致。这只是可以检索到的资料，相信以后在更大范围内一定会找到更多例证。

图 5　三星堆出土铜器上的连珠纹

图 6　三星堆出土铜器上的多排连珠纹

连珠纹：彩陶与铜器对谈

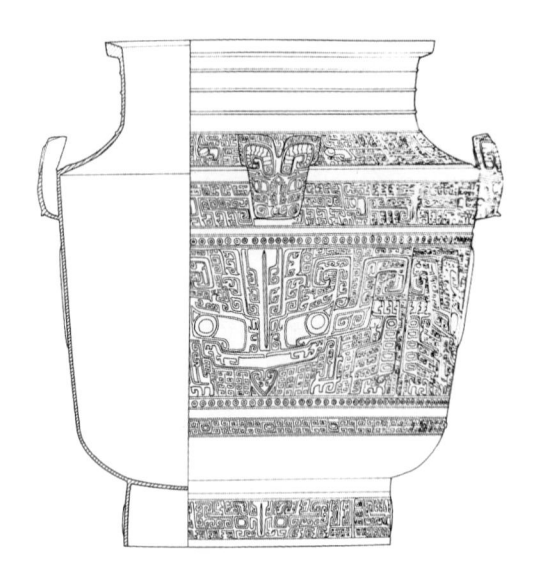

图 7　三星堆出土铜器上的空心连珠纹

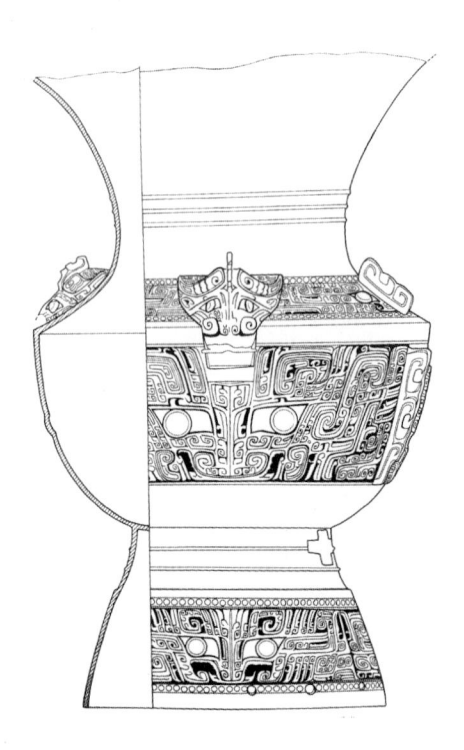

图 8　三星堆出土铜器上的连珠纹

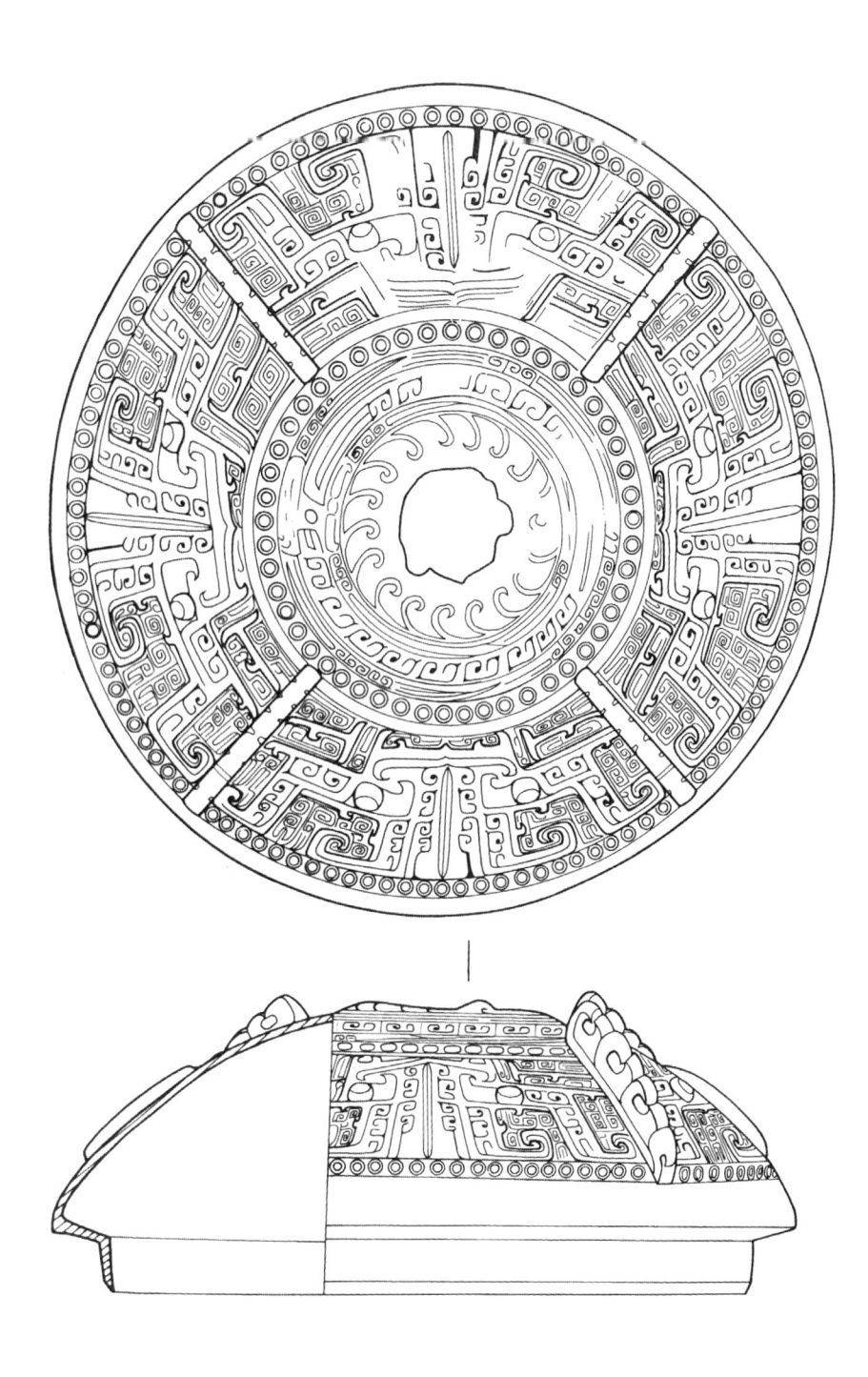

图 9　三星堆出土铜器上的连珠纹

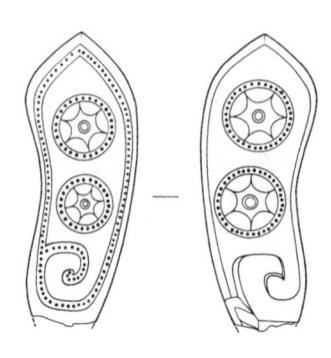

图 10　三星堆出土青铜铸件上的圆环式连珠纹和炯纹组合

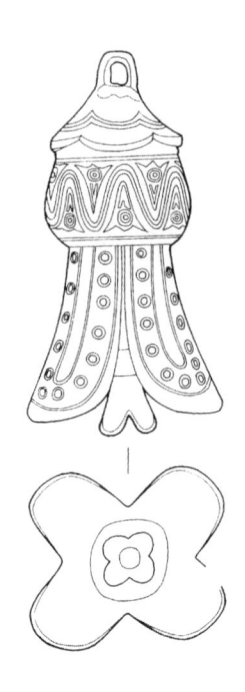

图 11　三星堆出土铜铃上的连珠纹

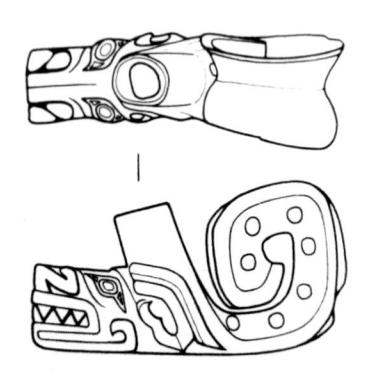

图 12　三星堆出土铜龙形饰上的连珠纹

图 13　北京平谷刘家河出土商代铜器上的连珠纹和炯纹

图 14　北京平谷刘家河出土商代铜器上的鳖纹

162　　　　　　　　　　　　　　　　　　　　　三星堆：青铜铸成的神话

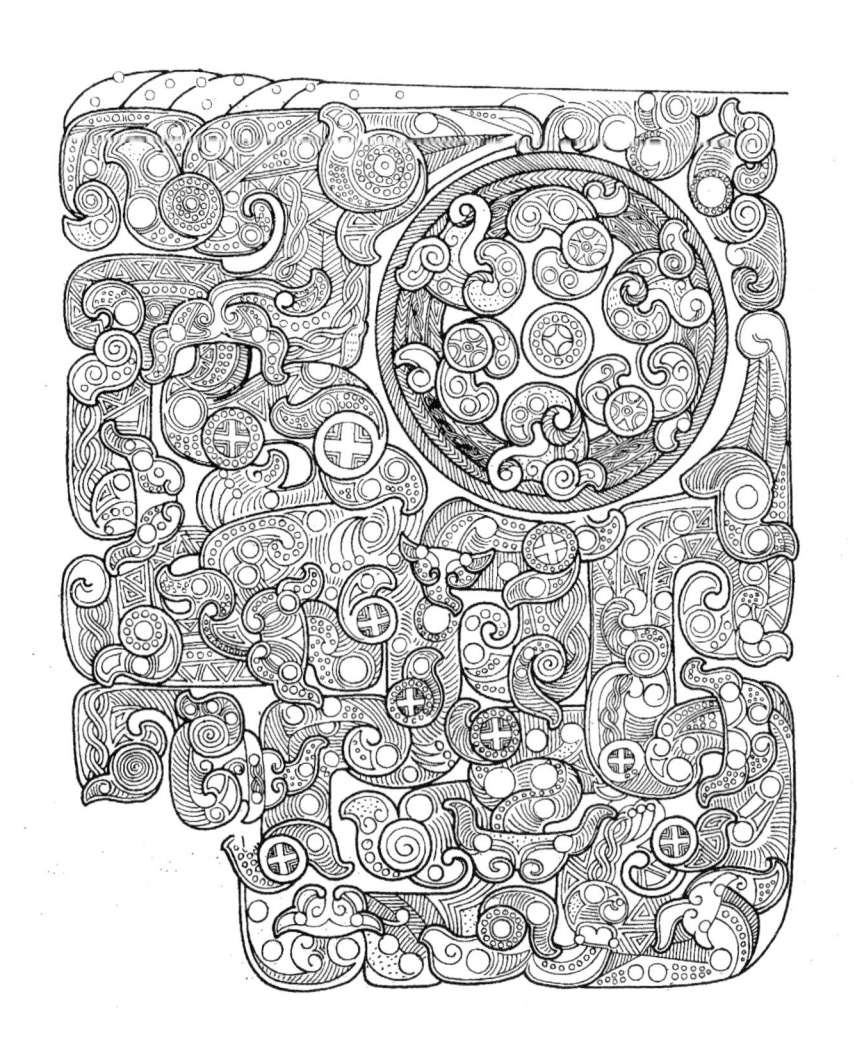

图 15　湖北随州战国曾侯乙镈钟铸纹

从东周开始，铜器上就不易见到圆环式连珠纹与炯纹同组的装饰了，只是在战国曾侯乙镈钟铸纹上，见到一个特例：繁复的神兽铸纹中夹杂着 10 多组圆环式连珠纹，而且圆环中心大多出现了空心十字纹（图 15）。这个发现非常重要，对了解连珠纹的意义和它的来龙去脉非常有意义。

接着因为另一个机遇，让我对连珠纹有了更多思考的机会。离

图16 马厂文化彩陶上的连珠纹

图17 马厂文化彩陶上的连珠纹

开三星堆发掘现场不久,我往甘肃临夏参加马家窑文化研讨会,参观了临夏州博物馆的马家窑文化彩陶展。我突然发现展柜里有几件马厂彩陶绘出的是圆环式连珠纹,与上述铜器上的连珠纹风格一样。稍有不同的是,圆环内的纹饰不是囧纹,而是各种变化的十字纹(图16、17)。

图18　柳湾马厂文化彩陶上的连珠纹

图19　柳湾马厂文化彩陶上的连珠纹

图20　柳湾马厂文化彩陶上的连珠纹

临夏研讨会结束后，接着往青海乐都柳湾彩陶博物馆参观，在堆积如山的彩陶中很容易就发现了几件圆环式连珠纹彩陶，而且圆环中无一例外地都绘着不一样的十字纹，也都属于马厂文化（图18—20）。

回京后又翻检了以往收集的彩陶资料，又见到一些马厂文化连珠纹彩陶，圆环中间也都绘有十字纹（图21、22）。这样看来，带十字纹的圆环式连珠纹，应当有特别的含义。这样的圆环式连珠纹，在一件器物上通常是以二方连续的方式排列，一共绘出4组，这便是通常所说的四大圆圈纹。十字纹被认作太阳符号，所以这样的四大圆圈纹无疑就是太阳的象征。

再往前追索，才知道连珠纹其实在半山文化甚至马家窑文化时期

图21　青海民和三家马厂文化彩陶上的连珠纹

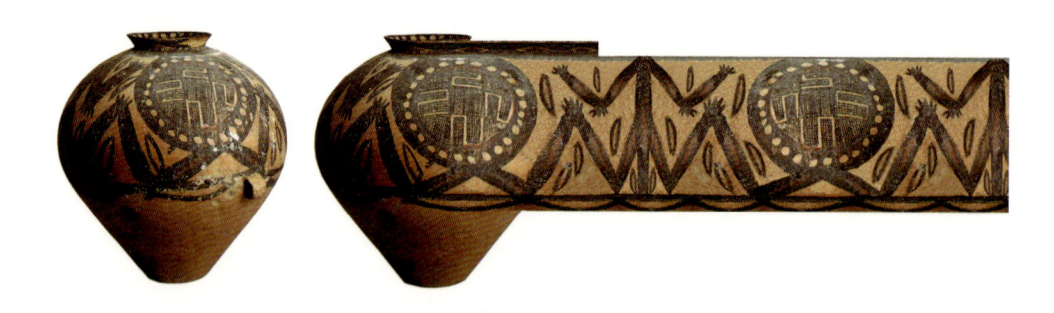

图22　青海民和三家马厂文化彩陶上的连珠纹

就已经出现了，只不过还没有见到那么标准的构图形式（图23—25）。

　　这样看来，铜器上的圆环式连珠纹，与彩陶上的圆环式连珠纹，因为构图的相似，让我们有理由推测它们之间可能具有源流发展关系。我们甚至还相信它们的含义都是相同的，也都是太阳的象征。这也让我们相信，彩陶与青铜之间虽然有年代距离，但是彼此却有桥梁相通，连珠纹即是连通彼此的一道桥梁。

图 23　半山文化彩陶上的连珠纹

图 24　王新村藏马家窑文化彩陶上的连珠纹

图 25　王新村藏马家窑文化彩陶上的连珠纹

连珠纹：彩陶与铜器对谈

青铜与彩陶之间有了这样的对谈，我们再回头看看过去对连珠纹的讨论，顿时便会产生一种失落感：原来连珠纹来自那样遥远的时代，而且它的起源与纺织品似乎没有直接的联系。

以往连珠纹通常认为是古波斯萨珊王朝最为流行的花纹，连珠纹用于青铜器、建筑、陶瓷等作为装饰。而且还认为连珠纹图案于5到7世纪间沿丝绸之路从西亚、中亚传入中土，在中国的唐锦中成为数量最多，而且具有时代特色的纹饰。至隋代时连珠纹发展为连珠圈纹，成为各种器物的主题装饰纹样，这便是我们所说的圆环式连珠纹。

波斯锦传入后，约7、8世纪时中土仿造出许多产品，后来不论产于何地，凡属此类萨珊波斯风格的织锦，都称为"萨珊式"织锦（Sasannian'figured silks）。中土生产这种织锦的官府作坊聚集在长安、洛阳、扬州，益州也是一个重要的产出地。注意这个益州，便是古蜀文明的生发之地。三星堆的铜器上已经普遍使用连珠纹，自然也包括与织锦一样的圆环式连珠纹。

当然也有研究者注意到在萨珊式织锦流行之前，在更早的时代古中国装饰纹样中已见到有连珠纹，却强调"它们没有形成一种简单的几何体"，甚至于说连珠"可能自发地出现在任何年代、任何国度、任何民族"。

这种说法比较含混。我们由商代铜器追寻到更早的彩陶，已经见到4000年前完全定型的圆环式连珠纹，而且它们体现的是同一种信仰，那就是太阳崇拜，让我们再一次体验到艺术是信仰飘扬的旗帜。

再说连珠纹：
从织锦、铜、陶说到彩陶与白陶

连珠纹的 8000 岁鼻祖追溯

我讨论过古代传统装饰纹样的连珠纹，主要由三星堆的发掘，谈到出现在织锦、铜器和彩陶上的连珠纹，将它最初流行的年代追溯到了 5000 年前后的彩陶时代。

虽然在年代上还有接续的断层，但我们丝毫不会怀疑它们之间内在的联系。其实检索古蜀文化的一些新旧发现，我又有了一些新的理解，在其他材料上也有新发现，所以在此将连珠纹再续说一番，将它的出现追溯到了近 8000 年前，再一次确认它是东方古老的艺术创造。

我先来复述前此讨论得出的认识。

1.三星堆先前出土的组合神坛的一些构件上,也都将连珠纹作为主要的装饰元素,如坛体周围、底座的神兽上,都见到了连珠纹。圆环式实心连珠纹,与炯纹同组,这是一种最经典的样式。

2.连珠纹与炯纹同组是三星堆装饰纹样的一种突出风格。自然这也并非完全是三星堆时期的独创,它们应当也是来自中原的青铜文化。

3.铜器上的圆环式连珠纹,与彩陶上的圆环式连珠纹,因为构图的相似,让我们有理由推测它们之间可能具有源流发展关系。我们甚至还相信它们的含义都是相同的,也都是太阳的象征。这也让我们相信,彩陶与青铜之间虽然有年代距离,但是彼此却有桥梁相通,连珠纹即是连通彼此的一道桥梁。

4.我们由商代铜器追寻到更早的彩陶,已经见到4000年前完全定型的圆环式连珠纹,而且它们体现的是同一种信仰,那就是太阳崇拜,让我们再一次体验到艺术是信仰飘扬的旗帜。

因为新旧资料的发现,我觉得进一步深化了原先的认识,当然也获得了一些新的结论。

最突出的印象是,在古蜀文化中,连珠纹也与眼目图形相关,其含义仍然是太阳崇拜。另外需要补充说明的是,连珠纹的出现可以追溯到近8000年前,而且那时就已经是明确的太阳符号了。

过去我们谈论连珠纹,都是由织锦的图案说起,追寻它的起源也就是看织锦的发展(图1)。而且还含混地推断,连珠纹可以起源于任一地方,源头观很不清晰,这样的认识当然是无意义的。

图 1　新疆阿斯塔那 211 号唐墓出土黄地连珠小团花纹锦

这次三星堆新出土的青铜神坛，又一次见到非常标准的连珠纹（图 2）。检索以往在三星堆和金沙的发现，其中有三星堆描绘成太阳眼目的陶塑日乌，也有铸出太阳眼目的青铜日乌。我们注意一下，这青铜日乌如太阳般的眼目，就是很标准的连珠纹，9 个连珠环绕着太阳一周（图 3、4）。

古蜀人崇拜太阳，很多时候是通过崇拜眼目的方式来表现的，太阳就是天目。关于天日崇拜，过去我们讨论过，在此不赘。

特别要提到的是，在检索资料的过程中，我们发现了湖南高庙文化的白陶。在高庙白陶上不仅有刻画的太阳图像，更有红色彩绘的太阳，而且都是采用连珠纹一样的构图。这个发现让我们感觉到非常意外，一点也不用疑惑，高庙人的连珠纹绘出的是非常直观的太阳，中间是圆圆的大太阳，周围的连珠就是太阳的光芒（图 5）。

图 2　三星堆 3 号坑出土神坛上的连珠纹

图 3　三星堆出土陶鸟上的太阳眼目

图 4　金沙出土铜鸟上的连珠纹眼目

图 5　湖南桂阳千家坪出土白陶上的连珠太阳纹

再说连珠纹：从织锦、铜、陶说到彩陶与白陶

图6 高庙文化白陶簋及外底的彩绘太阳图案

　　高庙人并非是在不经意间为历史留下了8000年的连珠纹图案，我以为初始的创作一定经历了许多的反复。我们可以想想，能一直得到大范围传承的纹样其实并不是很多，而连珠纹在数千年后的历史时期还极受欢迎（图6），真的应当感谢高庙人。我们现在可以将连珠纹的版权，大方归于引领艺术潮流的高庙人。

三星堆 4 号坑出土蜀王屏风识见记

我应邀到三星堆发掘现场观摩，首先进入的是 4 号坑所在的方舱。发掘者介绍中提到坑内出露 3 个相同的跪坐铜人，引起我极大兴趣。

在坑外看不清 3 个铜人模样，但蹲坐姿态是明确的，奇怪的是它们头上不见什么器物，却支着一根直挺挺的铜棍（图 1、2）。

这样的造型很奇怪，再看到在它们之间的坑底还散落着一些直直的铜棍，已经看得出是一个什么架构式组合，其风格完全不同于其他青铜器。那是什么呢？

第二天在电视台直播室候场，我的思绪中又涌现出那几个铜人。等到直播上场时，主持人问对三星堆考古还有什么期待，我说随着

图1　三星堆4号坑出土屏风座

图2　三星堆4号坑出土屏风座

图3 三星堆4号坑出土屏风座全貌

发掘推进，解决了一些疑惑，又会出现一些新的问题，如4号坑中可能有一座屏风。因时间关系，直播时没有展开讨论。

直播当天下午，我由成都飞兰州，旅途中写成铜顶尊人的反转观察。在"器晤"公众号刊发引起反响，其中就有新华社记者李贺，我们重点讨论了铜人的两条腿。他还特别提醒，新华社刚公布了4号坑出土的跪姿铜人（图3）。

我迫不及待地联网，看到了这则新闻和铜人图片，我立即意识到，它就是屏风的底座！

三星堆出土青铜扭头跪坐人像呈跪坐姿态，双手合十，头扭向右侧，头上还连接了一个长条形铜器。据了解，这是三星堆遗址首次发掘出土该类型的青铜人像。[1]

川媒同时也有报道：

持续两个月的考古发掘，三星堆4号祭祀坑再有新发现。在象牙提取结束之后，下面新发现了3个仅手掌大小的跪坐人像。这3个跪坐人像的特别之处不仅在于它体形极小，更在于它们的造型是前所未见，丰富了古蜀国祭祀场景。[2]

四川在线记者看到，这3件人像双手呈合十状，头向右转，脸部特征也和三星堆大多数青铜人头像的风格不同（图4、5）。

4号坑"坑长"许丹阳表示，新发现的这3件跪坐人像丰富了三星堆青铜人像的造型。仅从这些造像的手部姿势来说，就有双手上举的小型顶尊跪坐人像、双手合握于身前的大型顶尊跪坐人像、双手环握于身前呈环抱状的大立人像、双手呈合十状的扭头跪坐人像等。它们从不同侧面生动反映了古蜀国的祭祀场景。

---

1. 新华社2021年5月31日消息。
2. 四川在线记者：吴晓铃、吴梦琳、吴平、林嘉薇；摄影：向宇。

图 4（上图） 三星堆 4 号坑出土跪姿铜人屏风座
图 5（下图） 三星堆 4 号坑出土跪姿铜人屏风座侧面

更加让许丹阳感到惊喜的是，这3个人像的造型、大小几乎完全一致，而且头顶同一部位都连接有残断的凹槽状铜条。这意味着，这3件人像很可能不是单独的个体，而是1个大型组合铜器的3个构件。坑里还发现有一些散布的条状铜器，应该也是它的组成部分。3个人像可能只是这件组合铜器的支脚，它们头上通过连接的铜条共同顶着什么东西。如果后期能够把它的残片都找到并复原出来，肯定也是很令人震撼的一件器物。

许丹阳的判断非常正确，只是他没有提到这可能是一座屏风，而且是蜀王的屏风。

底座的铜人像作扭头状，扭头应是一左一右，呈对称姿势，双手合力夹扶着屏风。头顶的柱状物有凹槽，凹槽直抵胸下，也都是为了固定屏风（图6、7）。

特别要强调的是，这作为底座的铜人，似乎不是跪姿，而是蹲姿。膝盖没有落地，或没完全落地，半蹲半跪，与顶尊铜人有点区别，是不是会更加稳定一些呢？

屏风主体当为木料绣织绣品，腐朽后就剩下外围的青铜框架了。现在已经取出的一件为右扭头，应当还有一件是左扭头，我们

图6 屏风结构推测

180　　　　　　　　　　　　　三星堆：青铜铸成的神话

图 7　屏风结构推测线图

图 8　广州南越王墓出土屏风铜底座

等待新消息的到来。

　　可以一比南越王墓出土的屏风铜底座构件，神兽的前面也有明确的凹槽（图 8）。

　　有了屏风的发现，让我们真切看到了古蜀时代的精致生活。它不论是陈设在宫殿还是神庙，都是极好的设计。

大钺与铃当：
牙口的故事

青铜大钺上

为何有朵花的图案

原来是兽面獠牙

如花一样斑斓

  青铜时代的大钺，对文物知识略有了解的人并不生疏，它是王权与军权的象征。《说文》曰："大者称钺，小者称斧。"又说，"戉，大斧也"。钺之形状，较之斧更为宽大扁平。最有威势的青铜大钺在商代考古中多有发现，它形体硕大，纹饰也很神秘。

  大钺之为青铜重器，由殷墟妇好墓的发掘给我们留下深刻印象。

图1　殷墟妇好墓出土商代铜钺

妇好墓中出土两柄大钺，人们看它过重，在担心妇好如何掌握自如时，也注意到它上面铸出的特别纹饰。其中一柄铜钺，高39.5厘米、刃宽37.3厘米，重达9公斤（图1）。钺上铸出了"二虎食人头"的画面，这个画面与殷墟发现的司母戊鼎上纹饰类似，所以很受关注。我这次要讨论的并不是这个画面，而是在这画面下方的另一个构图。这个构图其实是被许多研究者忽略了，常常是视而不见，或是见而不解。

初次见到青铜大钺上的这个图案，觉得很像是一朵美丽的花。又找来一些大钺图片观察，也能见到类似的花朵（图2）。心里觉得很有点好奇，气势汹汹的大钺上怎么会装饰花朵呢？

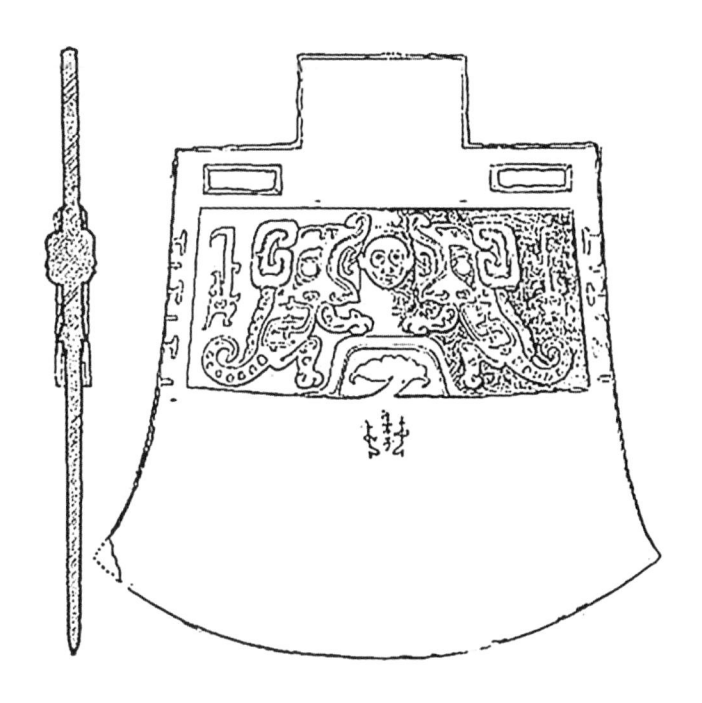

图 2　殷墟妇好墓出土商代铜钺线绘

那当然不会是花朵，只是有点像而已。很快我就觉得找到了确定的答案，那花朵其实是猛兽类动物的口腔，是獠牙与内牙的轮廓构成为花朵似的外形了（图 3）。前一阵刚刚做完了史前獠牙神像的研究，再有过去解构兽面纹的印象，认读起这大钺上的大獠牙来并不那么费神。

其实，大钺上这样的大嘴大牙，过去已有一些发现，但还没有引起研究者足够的注意，对于大獠牙甚至还容易忽略，或者没有辨认出来。研究者中也会有注意大钺上的大牙图形的，不过公开发表的讨论并不多见。我看到有一篇文字倒是提出了别致的认识，说那是嘴里吐出的舌头，它象征两条腿。这说法离题太远了，它真的是

图 3　殷墟妇好墓出土商代铜钺上的虎牙

两颗大牙，与两腿并不相干呢。

商代青铜大钺，钺刃一般为圆弧形，有人或者形容为月牙形，弯弯的形状，一看就有锋利的感觉。月牙刃的大钺，还隐隐地带上一副牙口，尖锐的獠牙，似乎是寓意砍下一个头颅，有神在张口龇牙等着要吃将下去。

但未必就是这样的含义，还是让我们来看看其他若干大钺的发现吧。

粗略检索一下，就发现了不少类似的大钺。先要提到的，是"亚长"青铜钺。2000 年，此钺在河南安阳花园庄东地 54 号墓出土，这一座墓中共随葬青铜钺 7 件，是出土青铜钺最多的殷墟墓葬。青铜钺大多铸造精良，纹饰也非常精美，有 6 件铸有"亚长"二字铭，表明青铜钺为亚长本人所拥有。

图4　殷墟亚长墓出土商代铜钺

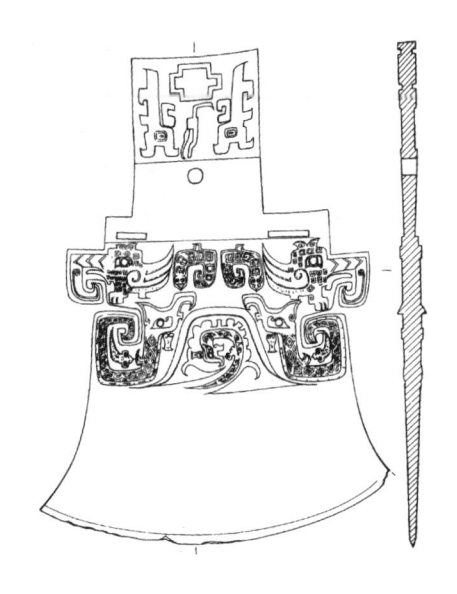

图5　殷墟亚长墓出土商代铜钺线绘

亚长当初定是一位显赫的人物，已经有人讨论过他的身份，这里不准备介入这个讨论，我们就单单说一下他的大钺。最大的那件亚长钺长40.5厘米、刃宽29.8厘米，重近6公斤。钺面正反均铸纹饰，纹饰构图繁复，对称分布着8鸟8龙8小龙（图4、5）。比较特别的是，"器身中部饰一向下张开的巨大龙口，口中饰一夔龙纹"。这大龙口可信，应当不是虎口，口中有一小龙，寓意不明。但是发掘者没有说明龙口中的两枚特大的獠牙。两枚獠牙非常尖锐，但造型又很艺术，如半片花瓣一般。在獠牙之间，连接着一列小牙，口腔的牙表现得很清晰。

上述两件出自殷墟的大钺显示出宽窄的不同，但都见到值得关注的兽形大口和大獠牙。而且那兽形大口其实不带兽面，只是一张大嘴的轮廓。

图 6　郑州出土商代铜钺

接着提到的出自郑州的商代两钺，也是有宽窄两式。郑州人民公园出土一件平安宽体铜钺，钺面铸侧视虎头纹，而且是用左右两侧面拼合而成，而不只是表现出一张大嘴的轮廓，两枚大獠牙显得比较粗壮（图6）。横看大钺纹饰会更清楚，虎面并不是纯粹的侧视图，是左右两个侧面的合成图，不同于常见的正视兽面构图（图7）。另一件郑州博物馆收藏的窄体铜钺，也是铸有类似双侧面拼合成的虎头纹，张开的大嘴里有两枚大獠牙（图8）。

河南浚县发现的一件铁刃铜钺，也铸有双侧面拼合成的虎头纹，大嘴里不仅有上下大獠牙，还有一个大圆形穿孔（图9）。

河北藁城也发现过铁刃铜钺，同时也有一件铸有双侧面拼合成的虎头纹铜钺，镂空的嘴形显得很大，大獠牙和排齿形成的轮廓更像是一朵成型的花的样子（图10）。

图7 郑州出土商代铜钺侧视图

图8 郑州博物馆藏商代铜钺

图9 河南浚县出土商代铜钺

大钺与铃铛：牙口的故事 189

图 10　河北藁城出土商代铜钺　　　　　　　　图 11　陕西历史博物馆藏商代铜钺

　　陕西历史博物馆收藏的一件窄体铜钺，铸纹稍显粗劣，但构图仍为双侧面拼合成的虎头纹，嘴形显得并不宽大，但两枚獠牙却也很张扬（图 11）。

　　上海博物馆收藏的一件铜钺也是窄体形，内顶有精致的绿松石镶嵌兽面纹，双兽面合成的大嘴里也出现了两颗大獠牙（图 12、13）。

　　又见到爱立信旧藏中有一件商代窄体铜钺，也带有精致的绿松石兽面纹，钺面大嘴里有獠牙，更有一条小龙纹，与前述殷墟亚长钺类似（图 14）。

　　美国大都会博物馆收藏的一件窄体铜钺，纹饰初看是常见的正视兽面纹，细审其实有两张嘴，共有 4 枚獠牙，显然也是左右虎头拼合而成（图 15）。

　　这让我们想到河南新郑望京楼出土的一件铜钺，钺刃长 38.3 厘米、高 33.4 厘米，规格仅次于妇好钺。钺身铸大兽面，兽面左右对

190　　　　　　　　　　　　　　　　　　　　三星堆：青铜铸成的神话

图 12　上海博物馆藏商代铜钺

图 13　上海博物馆藏商代铜钺上的绿松石兽面纹

图 14　爱立信旧藏商代铜钺

图 15　美国大都会博物馆藏商代铜钺

大钺与铃铛：牙口的故事　　191

图16　河南新郑望京楼出土商代铜钺

称，其实也是由左右两侧视兽面拼合而成。所以也有两个口腔，各有一套牙齿，包括两对獠牙（图16）。

商代铜钺上的铸纹，偶尔也能见到单体侧视的龙虎纹，如陕西绥德的一件钺上就是一个全形虎纹，大嘴和大牙都有表现（图17）。类似铜钺他地也有发现，也饰有全形的虎纹，大獠牙也有明确表现。

铜器上单体侧视的龙虎纹饰，是比较容易看明白的。那些正视的兽面，其实分单体或双体两式不同的构图，而且多是双体拼合而成。在铜钺上见到的大嘴大獠牙的画面，无论是繁是简，多数都是双兽侧面拼合的构图，并非是一个自然兽面。爱立信旧藏中有一件商代玉梳，梳面上有正视的阳刻大虎面，但它带有两个口腔，有两对大獠牙，正是一例这样的双体拼合图形（图18）。

从安阳大司空出土一件窄体兽面纹铜钺观察，可以清晰地看到双虎形合体构成大嘴的图形，大獠牙也表现得非常艺术（图19）。

图 17　陕西绥德出土商代铜钺

图 18　爱立信旧藏商代玉梳

图 19　河南安阳大司空出土商代兽面纹铜钺拓片

大钺与铃当：牙口的故事

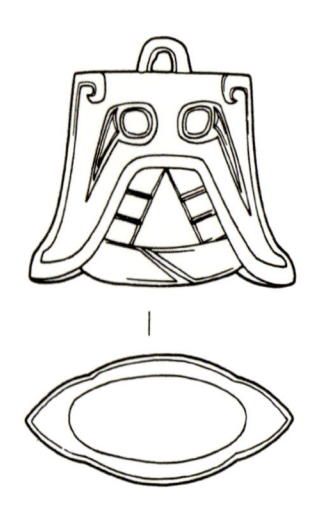

图20　三星堆2号坑出土商代铜铃　　　　　　　　　图21　三星堆2号坑出土商代铜铃线绘

这种构图创意的内在含义何在，还有待进一步研究。

大嘴大獠牙的兽面，在商代铜钺上是一种特有的纹饰，宽钺和窄钺，风格一致。不用说，这大嘴大獠牙强化了大钺的威慑力，虎虎生威。

当然还有待解释的是，大钺那大嘴大牙中含着一条龙，又是什么呢？

大钺上特有的这类纹饰，当然并非为大钺所专有。值得提到的是四川三星堆2号坑出土一件铜铃，铃面饰有动物纹，称为兽面纹铜铃。兽面有一双吊角眼，铃面外形其实是大张的兽嘴，装饰有满口大牙，重要的是有一对特别大的上下獠牙（图20、21）。这个构型其实就是借用了大钺上的创意，当然也揭示了铜铃的用途。这应当是警醒之铃，听到它的人也许感受到的不是悦耳之音，更多的应当是一种警示之音吧。

太阳神树图像溯源

三星堆的太阳神话在 8000 年前就开始有绘本流行了。

三星堆出土最为壮观的青铜器，是一棵树形制品。主干上挂有三层分枝，连同主干共有十枝，每个枝头分立一只漂亮的鸟儿。这很容易让人想到古代十鸟十阳的太阳树传说，所以将它称为太阳神树（图1）。

三星堆新近出土的一枚玉琮上，两侧各刻有一棵树的图形，它自然又让人想到那高大的青铜太阳神树。将这两类神树相提并论，并没有什么不妥。虽然神树图形为何会出现在玉琮上还值得研究，但单单这神树也可以好好讨论一番了。

因为关注这太阳神树，我定义这是三星堆人为后世保存的立体神话。更让人惊奇的是，这样的太阳神话其实在更早的年代就创作出来了。我在距今约8000年前的高庙文化白陶上，就发现了太阳、太阳神鸟与太阳神树的图像。

这里我不准备讨论白陶上的太阳神鸟和太阳图像，过去已经初步有了探讨。这次重点要说的是白陶上的太阳神树。

我们知道高庙文化白陶的年代非常早，白陶上有太阳和太阳鸟图像已经没有疑问。如果真的也有太阳神树，那就太不可思议了。

有的，白陶上真的有太阳神树。仅就湖南桂阳千家坪的发现而言，在白陶上与太阳图像一起出现神树，有二棵或三棵的不同，但树形大小相近（图2、3）。如果只是出现半个太阳时，也见到只有一棵树的图像。树体均作三角形，如同是一片大树叶，中间多绘有主干，两侧是如叶脉一般的平行线（图4）。

这三棵树，依神话传说有扶桑、若木和建木之名，与白陶上的图形如何对应，留给高人进一步探讨。

与神树同在的太阳，都有连珠式的光芒。不能顺畅解释的是，太阳与神树是同时出现在一座大房子里。房子有尖尖的屋顶，顶盖是两面坡形式。

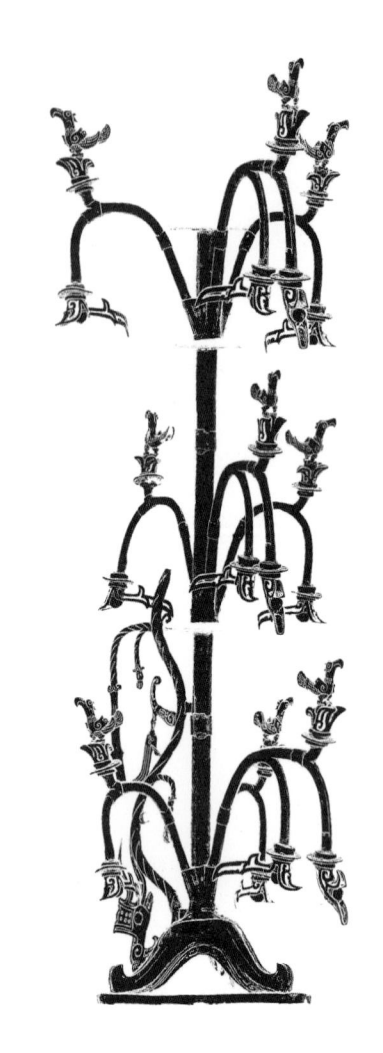

图1　三星堆2号坑出土1号青铜神树示意图

三星堆：青铜铸成的神话

图2 湖南桂阳千家坪出土白陶上绘有太阳与太阳神树

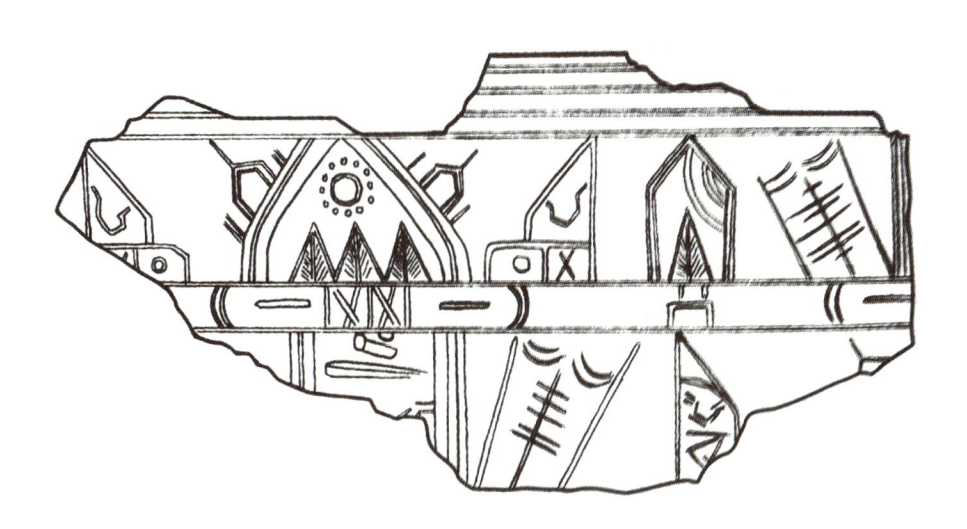

图3 湖南桂阳千家坪出土白陶上绘有太阳与太阳神树

太阳神树图像溯源

图 4　湖南桂阳千家坪出土白陶上绘有太阳与太阳神树

　　太阳树与太阳都出现在一间带屋顶的大房子里，第一印象这表现的会不会是太阳宫殿？但因太阳在上，神树在下，又觉得画面描绘的是天空与大地的景象，有天有地，这是一幅宇宙图景。

　　高庙人画出的天与地，就是这个模样。太阳是天上的主角，树是地上的主角。高庙人描绘的其实应当是一个宇宙图式，那座大房子表示的是天庭，是宇宙。

　　与太阳相关的神树观念，在后世依然传承着。凌家滩文化中见到的玉树，呈三角形，与高庙所见完全相同，也刻画有叶脉状的枝叶（图 5）。

　　汉画上也见有神树图像，只是我们通常是当自然景观在欣赏。不过当这神树与高阙在一起出现的时候，我们就不能等闲视之了。特别是那高高并立的双阙，它在作为天门的象征时，它近旁的树影

图 5　凌家滩文化出土玉树

图 6　河南许昌出土汉画双阙三树图拓片

图 7　河南禹州出土汉画天阙与神树图拓片

就一定是神树了。双阙配三树，不会有什么疑问了，那就是天门与太阳神树（图6、7）。

　　从三星堆的发现向前向后追溯，我们更加明白了太阳神话的流行有多么久远，在见于文字记述之前，它就已经是传说时代的非传说故事了。那是非常确定的图像故事，是生动的绘本故事。

龙与凤三千年前相遇在古蜀

龙凤共舞，那是古蜀吉祥之光。吉祥之光降临，那是在距三星堆不远发生的故事。

2021年7月29日，四川省文物考古研究院刚刚发布了广汉联合遗址考古成果。这是在三星堆东北侧的一个小型聚落，发现了距今约3200年前的龙飞凤舞刻画图案（图1、2）。

这个具有现代龙凤呈祥风格的艺术图案，是历史上出现最早的文创产品。这是一个陶器的盖子，圆弧的盖顶中央刻画着一只凤鸟，戴冠涡翅。类似的凤鸟在三星堆是用青铜铸成圆雕或平雕形状，多是呈静立姿势，而这次刻画的凤鸟却是在起舞跳跃，动感十足。以凤鸟为中心，几乎环绕一周的是一条卷尾长龙，龙首扬起，口示长

图1　三星堆东北侧小型聚落出土陶器

龙头

颈

尾

图2　三星堆东北侧小型聚落出土陶器拓片

图3　三星堆东北侧小形聚落出土陶器纹样

信，龙足高蹈，亦呈起舞之姿。龙凤共舞，龙凤呈祥，表达了古蜀人追求美好生活的热望（图3）。

　　古中国的龙凤崇拜起源很早，艺术品中见到的龙凤造型一般都是独立存在，彼此极少明确的关联。到了商代，才开始出现"龙凤配"形制的玉器，殷墟妇好墓中就发现了凤鸟龙形冠以及龙凤并行的玉饰。这次联合遗址出土陶盖上的龙凤纹饰，是表现龙凤密切关联的最早文物之一。

　　更值得注意的是，与大都城大贵族墓的发现不同，这次见到的是平民用品，让我们看到了民心民意所在，追求美好的心愿，上下同归。

　　仔细观察陶器盖上这龙凤刻画图案，我还有一个小疑点一时不能释怀。我怀疑虽然那是一条长龙般的身躯，但它的背上却出现了虎形图案上习见的双钩叉。龙头也并不很典型，我们没有看到新闻

图4　巴蜀铜器上的虎纹

稿中明确提到的龙角。而龙口中的长信又是古蜀图案中常见的虎口的固定图形，所以很可能这是一只虎，并不是一条龙（图4）。

对于古蜀人而言，龙凤呈祥与虎凤共舞，带来的是同样的吉祥。只是虎对于当时的蜀人，也许是更普遍的信仰吧。

蜀金蜀玉

黄金覆面是何方传统？

　　三星堆重启发掘中，出土了两件较大的金面具，从已修复的状态看，它们应当是覆于青铜神面上的附加装饰（图1）。这让我们想到了成都金沙遗址出土古蜀时代的黄金制品中，有两件似乎是面具的黄金制品，保存都比较完整。因为这是一张人形面孔，所以一般都简单地称它为"金面具"。其中一件为2007年出土，金面具宽19.5厘米、厚0.04厘米，重46克，含金量为94.2%（图2）。制作一张面具，46克的用金量不算少，这个量足可以用来让王宫的殿顶金光灿烂了。

　　这黄金面具为巨目阔脸，长方形立耳，双耳垂穿孔。穿透式大眼，下眼睑低垂。弯刀形长眉凸起，三角形鼻梁高耸。阔口平齐，

图 1　三星堆新出土金面具

下颌出棱。看这面具是浓眉大眼中透出一种威武之气，平和容颜里包容一颗慈爱之心。眼中无瞳却是神色怡然，口中无声却是细语充耳，这是一张容易令人感动的脸面。

金沙还有一件金人面具像发现稍早，但要小得多。不过类似的金人面具像在三星堆还发现过，有的金人面具像还黏附在青铜头像上，青铜人像有了一张金光熠熠的面孔，更加引人注目。当然三星堆的金面青铜雕像更透出一种威严之气，与金沙出土的有明显不同。

这是面具么？研究者从金面具背面的痕迹观察，推测金面具可能是附着在青铜头像上的，三星堆的发现就是最好的证明。金面如果是黏附在青铜雕像上的，我们对它的名称就有了一点动摇，觉得不能直接称之为面具，或者只能称作是面罩，或者称为"覆面"。它只是覆盖在雕像表面的一层箔，并非是可以单独使用的一件面具。

图 2　金沙出土金面具

　　将青铜雕像覆盖上一层金箔，使冰冷的人面像或是神面像熠熠生辉，应当有什么特别的用意。虽然只不过是一层薄薄的装饰，却是一种很重要的装饰，并非所有的青铜雕像都有金箔装饰的脸面，有理由认为那些雕像覆盖着金面是某种特别身份的象征。

　　有人说金面雕像本应是古蜀时期神祇的模样，也有人说可能是巫师的面具，都没有足够的证据作进一步的说明，这是一个难解的谜。

说到金面具，一些研究者认为古代中国似乎没有使用金面具的传统，于是将视线移向域外。有人认定世界上发现最早的黄金面具，应当是罩在古巴比伦尼布甲尼撒时期的青铜人脸上的那一件。古埃及法老死后，也有使用金面具的习惯。公元前14世纪时的埃及法老图坦卡蒙死后，他的木乃伊头部就罩着一个黄金面具，面具略大于真人面庞。法老面具由金箔制成，还嵌有宝石和彩色玻璃，前额部饰有鹰神和眼镜蛇神形象，下面是编成辫形的胡须轮廓。这样的面具自然是古代世界最精美的艺术珍品之一，收藏于开罗埃及博物馆（图3）。

金沙和三星堆出土的青铜雕像上也戴着金面具，这让一些研究者很自然地将它们与中亚、西亚文明联系起来，或者直接地说成是外来文化影响的结果。

不过，这种联想似乎显得过于匆忙了一些，因为在更早的年代，东方其实也并不是一定没有像古埃及那样古老的黄金面具，也许只是还没有发现实物而已。古籍上记载古代有一种逐疫驱鬼的仪式，要跳假面舞，称之为"傩"。领舞的称为"方相氏"，《新唐书·礼乐志》按照更早年代的传说，说"方相氏，假面，黄金四目"。这种描述最早见于《周礼·夏官》，说"方相氏掌蒙熊皮，黄金四目，玄衣朱裳，执戈扬盾，帅百隶而时难（傩），以索室殴疫"。方相氏在神话中为逐疫驱鬼之神，有时也在驱鬼祭仪中作先导神。方相氏戴着熊皮假面，上有黄金装饰的眼睛，这种黄金装饰的假面，最初

图3 埃及法老面具

出现的年代一定比文献记述的要早得多。

由方相氏又让我们想到了孙悟空。关于小说《西游记》中孙悟空的原型，胡适持"外来说"，鲁迅持"本土说"，季羡林有"混血说"。有学者认为，孙悟空在《西游记》中扮演的角色，最重要

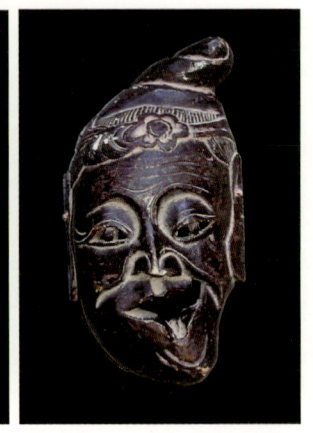

图 4　孙悟空造像　　　　　图 5　木偶孙悟空造型　　　　　图 6　民间傩面一例

的职责是驱逐各类妖魔鬼怪，这与方相氏完全相同。孙悟空的两件法宝中，火眼金睛可识别妖魔鬼怪，来源于方相氏的"黄金四目"；如意金箍棒可驱邪逐祟，来源于驱鬼的"终葵"（驱鬼棒），实际上也源于方相氏。所以可认为孙悟空的原型是方相氏，它的造型与最早的假面装扮有关（图4、5）。

在三星堆和金沙村之先，东方的面具文化早已生成，黄金覆面的传统也未必没有形成，这传统也不一定是来自遥远的他方（图6）。

三星堆和金沙灿烂的金面罩，曾经给古蜀人带来过希望。仔细观赏它们会给我们以更多的想象，引导我们的思绪回到3000年前的时代。

三星堆3号坑
出土太阳神饰玉底座小记

　　成都金沙遗址发现太阳鸟图案金箔，曾经轰动一时，影响非常大。尤其是后来图案被选定为中国文化遗产标志，受到更为广泛的关注（图1）。

　　古蜀人崇拜太阳，他们用不同的艺术形式表达自己的信仰。太阳崇拜最主要的表现形式，是太阳鸟崇拜，古代将太阳与太阳鸟等观，认为太阳鸟就是太阳的象征。中国古代没有太阳鸟这样的名称，称太阳鸟为"日乌"，为着读写的习惯，我们现在一般还是保留太阳鸟一称。

　　太阳鸟金箔，上面的图形是环绕太阳一周飞翔着4只太阳鸟，常常被称作"神鸟绕日"。类似环日飞行的太阳鸟图形，在金沙当

图1　金沙出土太阳鸟金箔

初还见到一例：一件有领铜璧上铸有完全相同的3只鸟，鸟的形态和动态与金箔所见基本一致，差别只在数量，一是4只，一是3只。我们毫不怀疑那都是太阳鸟（图2）。

这样的金与铜制作的太阳鸟图形，形貌非常简单，也就是个剪影，但是却非常生动，可以称作简式太阳鸟。

在金沙发现的与太阳鸟相关的艺术品，还不只限于上面提到的两例。因为三星堆的重新启动发掘中发现了一件新玉器，又连带披露了另一件还未及正式刊发的金沙玉璧，两件玉器上都有鸟形刻画。

三星堆新出的那件玉器开始被称作玉砖，长方形，体量不大，因为上端中央凿有一半穿的小孔，推测是摆放插件的一个底

图 2　金沙出土有领铜璧三太阳鸟

座。这件玉底座的四面都有刻画的纹饰，这个发现让人感觉非常意外（图 3）。

这个玉底座的四面刻画有纹饰，相对的两侧纹饰相同，其实是两组纹饰。一组是兽面纹，构图与三星堆以往出土的一种片状青铜神面相似，阔嘴环眼鸟形冠，我觉得这就是太阳神（图 4）。另一组是鸟纹，长喙顶冠，鸟羽华彩，展翅欲飞，这应当是太阳鸟（图 5）。

还值得一提的是，在这件玉底座的四面图像中，都有一个相当特别的构图。即在每个画面的左右，都刻画有一个蝉纹，一共 8 个蝉纹。蝉纹另有含义，在此不拟展开讨论。

我很想将这件器物定义为"太阳神饰玉底座"。兽面就是太阳神，鸟儿就是太阳鸟，中间插孔里应当树立着旗幡一类的织物，上面会有太阳图形。

这底座上刻画的太阳鸟，与前述金沙见到的金箔鸟和铜璧鸟并不相同，这是一种繁式太阳鸟。正是这一只太阳鸟，让人想到了金沙祭祀区6号祭祀遗迹中出土的一件残玉璧（图6）。残存的璧面上可以看到刻画有一只飞鸟，也是长喙顶冠，鸟羽华彩，展翅欲飞，与三星堆玉方底座上的鸟形大体一致。而且画面的构图法式也一样，都是头颈部为侧视，背尾部为俯视。

更重要的是，在鸟形的后面还残存有半个鸟头的画面，通过复原绘图得到一个结果：这块璧面上原本是刻画有4只鸟。这当然会让我们想到太阳神鸟金箔，玉璧上居然也是4只鸟，这也一定是太阳鸟，这真的就是一枚太阳神鸟玉璧（图7—9）。

图3　三星堆3号坑出土玉底座

图4　三星堆2号坑出土青铜兽面

图5　三星堆3号坑出土玉器座太阳鸟图

216　　　　　　　　　　　　　　　三星堆：青铜铸成的神话

图6 金沙祭祀区6号祭祀遗迹出土太阳鸟纹玉璧

图7 太阳鸟纹玉璧四鸟构图复原推测图

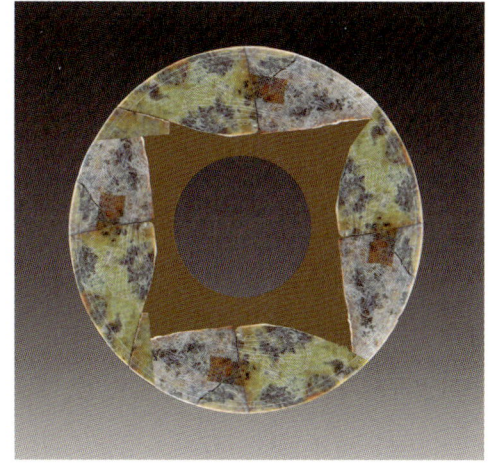

图8 太阳鸟纹玉璧四鸟构图复原推测图

图 9　太阳鸟纹玉璧四鸟构图复原推测图

　　三星堆和金沙发现的玉器上的太阳鸟，刻画比较细致，都是相似的繁式太阳鸟。其实三星堆玉方座和金沙玉璧上的太阳鸟，是刻画出来的，设计表现的空间也大一些，线条繁复得多。展望一下，今后也许会有精雕的太阳鸟玉件出土，我们拭目以待。

　　金箔、有领铜璧、有领玉璧和玉方形底座上的鸟形，都属于太阳神鸟之类，都是古蜀人奉行太阳神崇拜的见证。

古蜀蝉纹玉饰牌之由来

成都古蜀金沙遗址出土的"商周阳刻昆虫类动物纹玉牌",有下面这几个疑问:

这件玉器雕刻技法有什么特点?

玉器上刻画的是什么昆虫?

这是神虫还是自然界中的虫?

这种昆虫在古蜀文化中的象征意义是什么?

从昆虫纹玉器可否看到古蜀文化与外界的联系?

通过后来看到的由邓聪先生拍摄的微距照片(图1),我将原来发表的线图进行了改绘,确认玉片上所饰为阳刻图案(图2),特别是发现了昆虫纹背部一个熟悉的图案——蝉纹图案(图3),从而认

图1　金沙出土玉蝉

图2　金沙出土玉蝉线绘

图3　金沙出土玉蝉上的蝉纹图案

定所刻昆虫为蝉。这是一块蝉纹玉饰，可以简称"玉蝉"。

又通过梳理考古资料，得知古蜀文化中的蝉纹，与中原青铜文明高度一致，它并不是蜀人独创和独享的艺术符号。由此推测蝉纹及蝉的信仰，是古蜀文化受外部特别是中原文化影响的一个重要例证。也提到可能有其他更早时代的渊源，但没有展开讨论。结合后世文献的记述，前文还就蝉纹的象征意义进行了讨论。最后得出的初步结论是：

> 金沙蝉纹玉器雕刻属于精细的减地阳刻，它不是属于古蜀文化的作品。
>
> 玉器上刻画的昆虫是神虫，额顶刻有神性标志，长有自然界中昆虫见不到的三对翅膀。
>
> 这神虫是从自然界中的蝉神化而来，身上有明确的蝉的符号，这个符号广泛见于商周时期的南北文化中。
>
> 从金沙蝉纹玉器可以看到古蜀文化与外界的联系非常密切，蝉崇拜作为一种信仰体系已经在商周之际覆盖到南北广大地域，古蜀与外界大致同步接纳，高度认同。
>
> 蝉在古蜀文化中、在古中国文化中的象征有高洁意义，更有复育轮回的意义，这应当是它进入信仰领域的重要原因。

在前文中还曾特别指出：由纹饰构图看，古蜀金沙玉雕蝉符和其他蝉符，更接近商代青铜器上的蝉纹。上部的双卷云纹如耳形，这特点不见于西周，是商代的特征。如妇好墓出土玉鸮的背部，刻

图 4　殷墟妇好墓出土玉鸮线绘

图 5　殷墟妇好墓出土双面雕玉鹰

着标准的蝉纹（图4）。

　　妇好墓的另一件双面雕玉鹰，一面胸部刻着蝉符（图5）。妇好墓另一件石蝉背部，刻画着一个相同的蝉符（图6），在蝉身再刻纹，并不多见。

　　而且又由琢玉技法看，金沙蝉纹玉雕与石家河和大洋洲玉蝉相

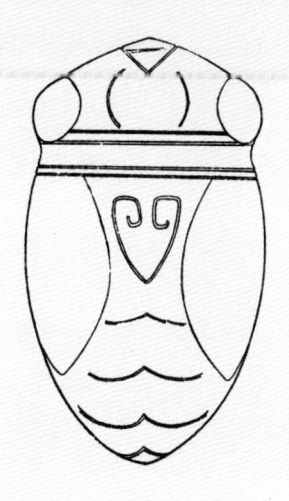

图 6　殷墟妇好墓出土石蝉线绘

比,似乎更胜一筹。但它所体现的阳刻技法,暗示金沙蝉纹玉雕有更早的渊源可寻。

前文留下的疑问是:有蝉形,有蝉纹,特别是还提炼出了蝉符。这蝉纹蝉符真是一个不大不小的谜,它是怎么出现的,最早出现在何地,都需要研究。

考古表明,由蝉产生出信仰,并非是古蜀人的独创,有先行者,也有后来者。江南良渚文化中有圆雕玉蝉(图7),江汉地区的史前石家河人已批量雕琢玉蝉。石家河玉蝉多为扁平形,有的造型抽象,有的制作极精。蝉体的头型、双目、吻凸、双翅、体多有体(图8)。

与古蜀在时空维度上更为接近的,应当是石家河和后石家河文化,蜀的蝉信仰更可能是由后者传承得来。当然,将蜀的玉蝉同石家河的玉蝉进行比较,我们似乎找不到太多的相似之处,蝉的造型风格明显不同。不过由琢玉技术出发进行比较,我们有了意想不到

图7 浙江余杭反山14号墓出土玉蝉

图8 湖北天门出土石家河文化玉蝉

图9（上图） 金沙玉蝉阳刻细部
图10（下图） 湖北天门出土石家河文化玉凤

的收获。

首先要关注的是琢玉技法上的阳纹表现风格，金沙玉蝉采用减地阳刻技法（图9），可资比较的是年代更早的石家河和后石家河文化的玉器。如早年出土的玉凤，和新近出土的对鸟玉佩，都是减地刻（图10）。

我们发现在石家河遗址新近出土的，还有以往出土或流传到异

图11　金沙出土玉蝉阳纹双钩头

域的，以及传承至商周时代的一些可以归属石家河和后石家河文化的相关玉器，都有与金沙玉蝉相吻合的风格，除了技法上的相似，还有构图上的类同。

最值得关注的是，在金沙玉蝉图案的头翅结合处，有一左一右两个双钩形，这是一种比较特别的构图（图11）。在商周铜器玉器纹饰上流行单钩构图，很难见到这种双钩构图，不过在石家河却比较多见，可以断定这是早期风格一个代表特征。

关于这一点，可举证几例进一步说明：

如新见石家河鸟纹玉佩，外形为圆牌形，阳刻一只展翅欲飞的立鸟，翅根位置刻相对的两个双钩（图12）。这种双钩构图与金沙的非常接近。

图 12　湖北天门出土石家河文化鸟纹玉佩

如石家河玉双鸟，两鸟相对而立，翅根处都刻有双合股的双钩形（图 13）。

如石家河玉神面，在冠顶位置左右都刻有双钩，只是为阴刻（图 14）。

再如陶寺出土的"兽面"玉佩，也是在头颈接合处阳刻左右相对的双钩形（图 15）。类似的一件收藏残器，左右双钩形刻画清晰可见（图 16）。

又如长安丰镐遗址西周墓葬中出土玉神像，分析认为也是石家河文化遗物，在神像耳根处左右也见阳刻双钩形（图 17）。

还有商代妇好墓出土的那件玉凤，在翅根位置有双线合股的双钩形（图 18）。当然这一件稍有不同：不同于前述的单线双钩，却

古蜀蝉纹玉饰牌之由来　　227

图 13　湖北天门出土石家河文化双鸟玉佩　　图 14　湖北天门出土石家河文化玉神面

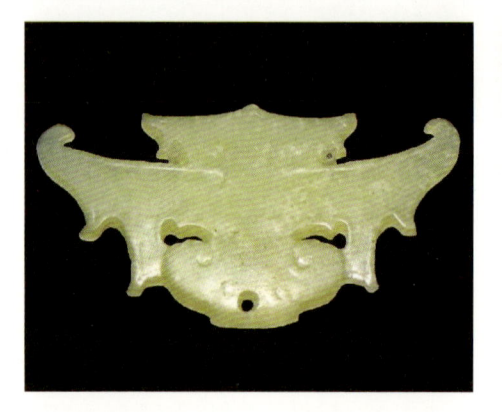

图 15　山西襄汾陶寺遗址出土"兽面"玉佩　　图 16　玉佩饰（私家藏品）

图 17　长安丰镐西周墓出土玉神像线图　　图 18　殷墟妇好墓出土玉凤

图 19　美国国家博物馆藏玉神像

暗合石家河对鸟的双钩，进一步证明这是石家河人的作品。

另外，还有一件流传至国外的玉神像，两面神像的脸颊位置左右对刻双钩形，而且将鼻头也刻为双钩形，是少见的表达方式（图 19）。

如此看来，金沙玉蝉与石家河玉器之间的联系是非常紧密的，或者说它们原本属于一个体系，我们甚至可以做出前者是来自于后者的推断。

当然这一番讨论，似乎证据确凿了，不过还有一个明显的疑问暂时还没有答案。就是玉蝉上的那个"蝉符"，我们在石家河玉器上还没有发现它（图 20）。虽然石家河玉蝉也雕刻有一些纹饰，但并

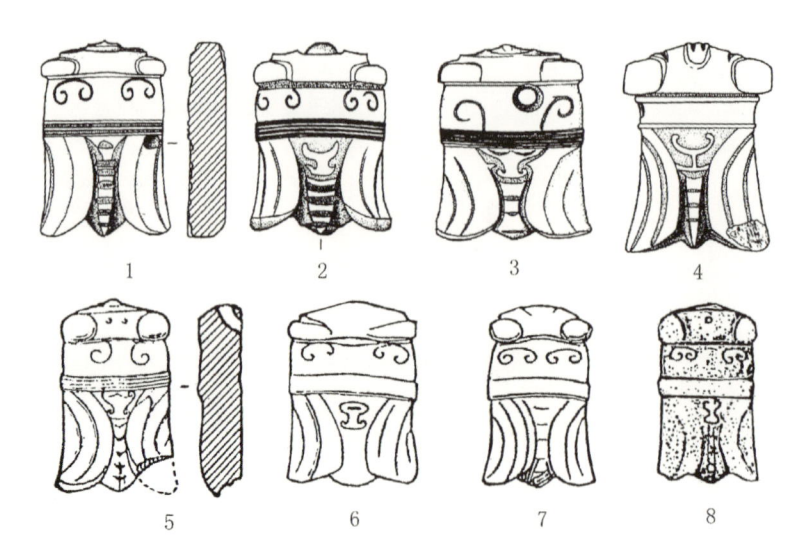

图 20　石家河文化玉蝉线绘

图 21　湖北盘龙城楼子湾 4 号墓出土商代早期玉蝉

没有见到类似的蝉符。在盘龙城早商墓中出土的四面体玉蝉，蝉背有纹，也是蝉（图 21）。

这种蝉符目前似乎只能追溯到商代中晚期，还没有更早的证据。这样的证据，我们要静心等待它的出现，也许它最早真就出现在石家河或后石家河文化中。

说琮：古蜀玉琮观察

约当商周之际的古蜀时代，在四川广汉三星堆和成都金沙遗址，都发现了玉琮，其中又以金沙出土数目可观。这也就使得西南成为相关玉文化信仰体系传入的重要地区，也是保有相关传统的最后一片圣地。

作为金沙遗址发掘与研究的直接参与者，王方有多篇论文讨论了古蜀时代的玉器，也专门涉及玉琮的研究。她梳理的结果是：三星堆遗址中出土玉琮数量较少，形制均较为简单，多为素面单组射。早年发现的矮体琮，射部刻有平行横线和双圆圈，有学者认为类似良渚文化风格。金沙出土玉琮数量较多，多数为矮方柱体，射体不分组，素面无纹，制作较为粗糙（图1）。有两件高体玉琮，射体分

图1　金沙出土商周素面玉琮　　　　　　　　　图2　金沙出土良渚文化十节青玉琮

组,每组雕琢纹饰,选料精良,制作精湛。其中一件射分十组,选料和制作均属精良,为典型良渚文化晚期风格(图2)。另一件四组射琮认为是仿良渚式,是目前所见商周时期玉琮的精品,也是商周玉琮中体形最大的一件,推断该玉琮的制作年代为商代晚期至西周早期(图3)。

研究者一般认为金沙出土神面纹玉琮是一件典型的良渚文化玉琮,其制作年代和良渚文化寺墩3号墓、草鞋山198号墓和福泉山40号墓的时代相近,为良渚文化晚期的作品,经过长期的流转而传至成都平原,成为古蜀国的重器,在商代晚期至西周早期作为古蜀国的祭器而埋藏于金沙遗址。

金沙遗址出土玉琮既有典型的良渚文化玉琮,也有仿良渚文化玉琮,同时还出土了大量的商周时期常见的矮体素面玉琮,这极大

图 3　金沙出土商周四节玉琮

地丰富了商周玉琮的内涵。[1]

在后来的研究中，王方注意到数量更多的矮体琮的解读。"金沙遗址祭祀区出土了 30 件玉琮，除两件高节玉琮外，其余均为矮体素面玉琮，这些矮体素面玉琮表现出与长江下游良渚文化玉琮完全不同的面貌，与二里头文化、商周时期其他遗址发现的玉琮也有所不同，却与黄河上游地区齐家文化出土玉琮存在较大的相似性。"这是古蜀玉器的又一个源头，当然还不止于此。[2]

她由金沙玉琮接着讨论了三星堆玉琮的发现。三星堆出土玉琮数量相对较少，主要有四川省博物院收藏 1 件，四川大学博物馆收

---

1. 王方:《金沙玉器类型及其特点》,《中原文物》2004 年 4 期；朱章义、王方:《成都金沙遗址出土玉琮初步研究》,《文物》2004 年 4 期。
2. 王方:《金沙出土矮体素面玉琮与周边文化的交汇与联系》,《金沙玉工 2》（尚未出版）。

图4 金沙出土商周玉琮

图5 金沙出土商周玉琮

图6 金沙出土商周玉琮

藏2件,三星堆博物馆收藏1件,1986年三星堆1号器物坑出土1件,三星堆仓包包地点采集小石琮1件。将这些发现和金沙的发现一起,与山东滕州前掌大商墓和山西曲沃晋侯墓地的出土品比较,也可以找到相互间的联系。

对于金沙出土玉器的性质,黄剑华指出:成都金沙遗址出土的玉器数量甚多,大都是祭祀礼仪用器,金沙遗址出土的玉琮是非常值得注意的重要器物(图4—6)。

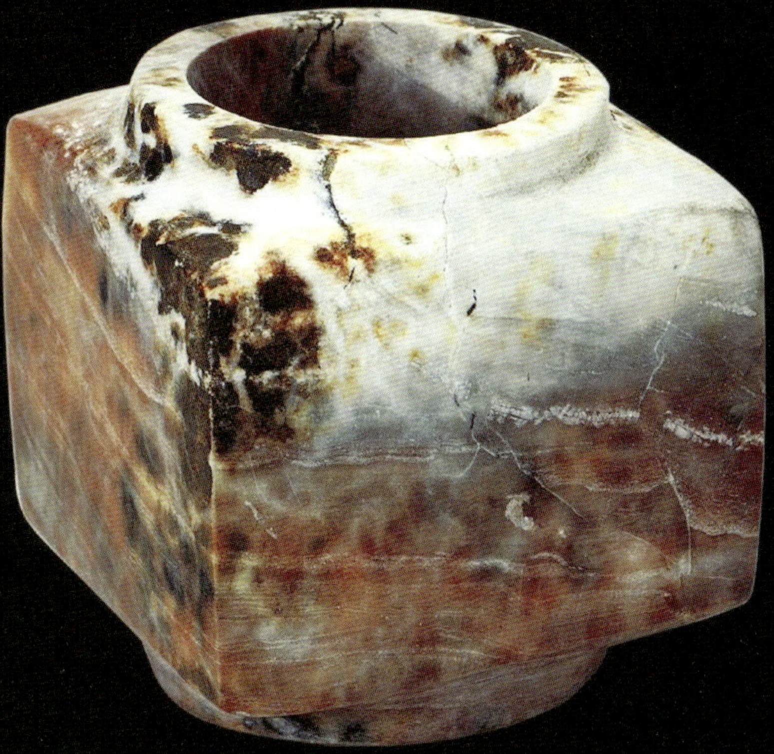

金沙那件青玉长琮上端筒部有一个采用阴刻手法雕刻的神人纹,双脚粗短叉开站立,双臂向两边平举,头戴神奇的冠饰,双臂的两端刻画着飘逸的长袖,两臂还刻画着向上卷起的羽毛形装饰。

黄剑华对玉琮上的这个刻符特别关注,他注意到良渚文化长琮如有符号,一般多出现在这样的位置。例如中国国家博物馆、首都博物馆、上海博物馆各自收藏的一件长琮,还有安徽肥东征集的一件长琮,符号都雕刻于筒口的这个部位。此外,巴黎吉美博物馆内的一件长琮,符号刻于筒口至两侧饕餮面中间;台北"故宫博物院"的一件长琮,符号则刻在两侧饕餮面中间。这些图像符号说明这件长琮可能并非本地的古代蜀人所作,加上其造型风格与形制特点也与良渚文化晚期玉琮基本相同,很可能来自长江中下游良渚文化地区,经过辗转流传而成了商周时期古蜀族统治阶层在祭祀活动中使用的特殊礼器。

将蜀地玉琮的来源,找出东方良渚和西北齐家两个源头,这应当是没有问题的。不过,研究者却并没有明确认定,蜀人有没有自作的玉琮,虽然也有人简单提及可能有仿制的事实,但讨论并不充分。实际上,如果是仿制,要甄别出来也并不容易。

我以为蜀人仿制玉琮是没有问题的,蜀地的琮不会全都是由外部流入的。而且不仅仅只有仿制,还有创制,制出了有蜀地特色的琮,可称之为蜀琮。

经过仔细的器形比较,我发现蜀琮与其他琮的最大不同,是造型上出现了"射台"。所谓射台,指的是琮体之射左右连接起来后,不似大量龙山和齐家琮,它连接的位置其实没有与琮的筒口处在一

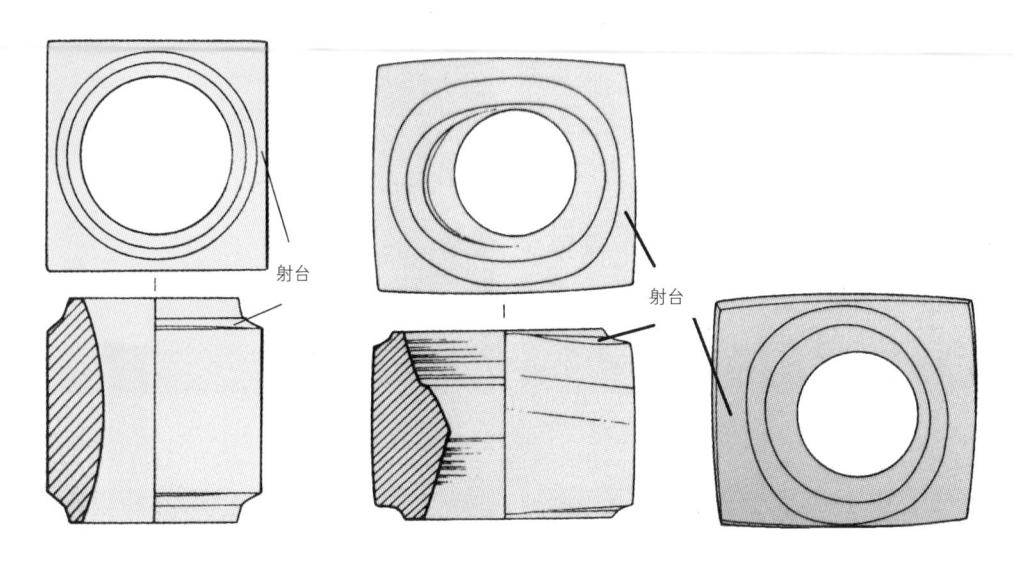

图7　金沙出土玉琮 2001CQJT8106T：8 图示　　　　图8　金沙出土玉琮 2001CQJC：712 图示

  个平面上的，而是高出一点形成一个台面，这个台面可以称为"射台"。如编号2001CQJT8106T：8和2001CQJC：712的琮，就出现有明显的射台，这应当是古蜀人的特别制作（图7、8）。

  这样的连射之射台，绝不见于良渚文化玉琮，良渚琮还没有出现左右射连接在一起的形制。在齐家文化玉琮上也不见射台，虽然琮左右射连接为一体，但连接处与琮筒口外沿平齐，并不形成台阶形。个别玉琮虽然乍一看有很窄的台沿，其实不是，现在还没有见到有射台的琮（图9、10）。

  有意思的是，在殷墟妇好墓中出土的编号1581的商代玉琮式管，由于直径与器高不过2厘米，所以称为琮管，其实它就是一件小型的琮。如果将它看作是琮，那它就是带射台的琮，俯视与侧视都能明确地看到射台（图11、12）。

说琮：古蜀玉琮观察

图9 甘肃定西清溪村出土玉琮，射组整体起台

图10 宁夏博物馆藏齐家文化玉琮

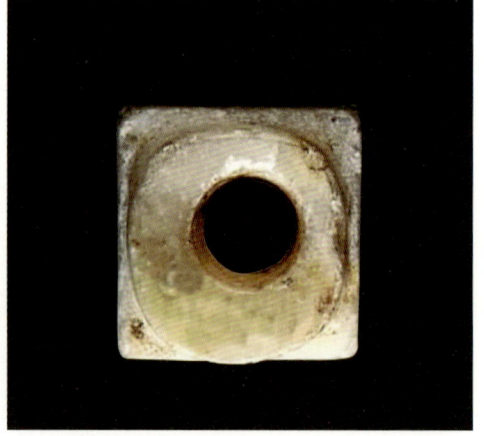

图11 殷墟妇好墓出土商代玉琮管，M5：1581 侧视

图12 殷墟妇好墓出土商代玉琮管，M5：1581 俯视

  再列举西周玉琮相关的例子。陕西长安张家坡32号墓出土玉琮，上端有明确的射台，下端却没有，两射连接处与筒口平齐（图13）。陕西扶风周代遗存中同时发现共存的玉璧玉琮一组，被认定是齐家文化之物。其中的琮制作精工，带有明确的射台，还不能说就是齐家琮（图14）。

图 13　陕西长安张家坡 32 号墓出土西周玉琮

图 14　陕西扶风出土西周琮与璧

　　蜀地之外的商周之际这几个发现,我初步判断都与蜀有关,应当都是蜀地流转出去的琮,属蜀琮无疑。由此可以看到蜀与周的交往,还有更早与商的交往。这蜀琮是一类重要的物证。

　　还需要提到的是,宋以后出土和传世的琮形器中,其造型很多都与蜀式琮有关,既有良渚琮的射间,又有蜀琮的射台,可以推断

射台

图 15　清代铜琮式狮耳方炉

是依据两地出土琮重新创作的文创产品（图 15）。

　　末了还要特别强调的是，三星堆与金沙遗址出土的玉琮，都与随葬无关，显示了不同于殷人的使用特点。古代蜀人对待玉琮的态度显然与殷人有别。三星堆时期出土的玉琮较少，千姿百态的青铜雕像群在精神观念与物质形态方面都占据着绝对的主导地位。而在商周之际的金沙遗址，不仅发现了来自良渚文化的青玉长琮，还出土了一定数量的当地仿制玉琮，说明这些玉琮已成为古蜀族珍爱有加的重要祭祀礼器。在古代蜀人的心目中，这些玉琮显然并未失去初始的寓意，可能依然是执掌神权沟通天地的象征。

金沙遗址出土的玉琮，告诉我们的当然并不仅仅是这些。它们不仅透露了玉琮在良渚文化中的地位以及在后世的影响和传播，而且揭示了古代区域文明之间源远流长的文化交流，同时还从一个侧面展现了商周时期古蜀社会的崇尚观念和祭祀礼仪方面的一些真实情形。[1]

我觉得这一点非常重要，真正能体现《周礼》中"六器"精髓的，却是在古蜀时期，这也反证《周礼》礼玉细节绝非完全虚构。我们了解的包括良渚与商周时期的玉琮，以出土于墓葬中的例证最多，可以解释为随葬品或敛葬品，其归属却并不是祭祀的礼器。也只有古蜀的玉琮及其他大量玉器，是明确出土于祭祀现场，是明白无误的礼器。

又因为古蜀的这些玉器全都是发现在祭祀场所，而且是明确的瘗埋遗存，是祭地遗迹，可以启发研究者对玉琮用途的重新思考。

玉琮的发现与研究，让我们觉得它不仅仅只是一件玉器而已。它有大范围传播和长时段传承，这样的时空转换过程值得仔细研究。

对于这种时空转换的特征，杨晶有这样的说法："龙山时期的玉器，在红山和良渚文化的玉器中，不难找到祖型；商周时期的玉器，在龙山时期的玉器中，也不难觅到原型。以玉琮为例，这种外方内圆的筒状玉器，始见于良渚文化，一直流行至殷商时期。"

她说："从良渚文化的玉琮，到龙山时期的玉琮，再到殷商时期的玉琮，经历了一系列较为复杂的扬弃过程。良渚文化的玉琮，一

---

1. 黄剑华：《金沙遗址出土玉琮探析》，《河南科技大学学报（社会科学版）》22卷2004年2期。

般为多节，其上饰阴线细刻加浅浮雕的兽面纹；龙山时期的玉琮，一般为单节，多数素面无纹，少数饰瓦棱纹；商代的玉琮，通常为单节，其上多饰瓦棱纹和浮雕兽面纹。可知龙山时期玉琮在形态上虽然保留了良渚文化玉琮的造型，但在装饰上却抛弃了良渚文化玉琮的纹样；而商代的玉琮，不仅弘扬了龙山时期玉琮的瓦棱纹，还升华了良渚文化玉琮的兽面纹。"进一步的研究证明，古蜀时期对玉琮的传承也有扬弃，有创新的器形，而且还影响到中原地区。[1]

从东南良渚到黄河龙山，再到西北齐家与中原三代，还有西南古蜀，玉琮的影踪已经越来越清晰。玉琮上有一条血脉将5000—3000年前的大华夏紧密联结起来。

---

1. 杨晶：《龙山镂空技术一枝独秀》，北方网 http://www.enorth.com.cn，2012年10月28日。

三星堆 3 号坑出土树纹玉琮观察

三星堆发掘重启，玉琮很早就出露端倪，我一直都在跟踪关注。先是 4 号坑发现一枚玉琮，从现场图片看，玉琮刚发现时就已经破裂，从几幅图片上都能看到裂纹（图 1）。这是有射台的蜀式琮，说明是蜀地的自产品类。

在后续三星堆考古发掘新发现中，我们又见到了一枚很特别的玉琮。它的特别之处，是在琮的两面各刻画有一棵神树纹，这是前所未有的发现（图 2、3）。

这件玉琮出自 3 号坑，报道称玉琮由"整块灰白色玉料加工而成，对应的两侧线刻神树纹样，刻痕甚浅。带有神树纹的玉琮前所未见，为今人研究古蜀社会中神树的意义、象征等问题提供了重要依据"。

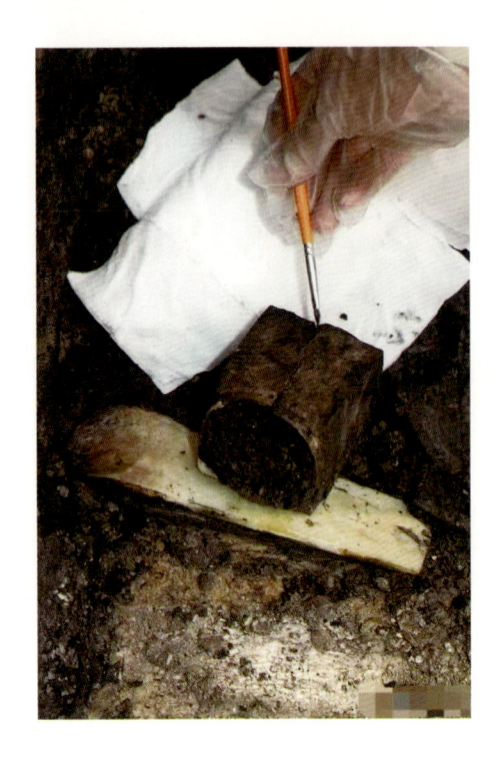

图1　三星堆4号坑出土玉琮

从媒体报道看，3号坑这次发掘发现的这一枚玉琮非常精彩。虽然我们发现媒体发布的图片，有倒置的，也有反置的，但依然能够判断出都是指的一件琮，都是刻有神树的琮。从正式发布的图片上，看不到裂纹，也没见修理的痕迹，这是一件保存完好的琮。

特别令人关注的是，玉琮相对的两侧都各自刻画有神树，通过图片对比，确认两侧神树图像形态有差别（图4、5）。

通过反色图片的观察，神树的线条与构图稍显清晰一些（图6）。我感觉这是标准的侧视图，与现代考古绘图的效果非常贴近。神树有垂直的主干，有枝叶，叶片上卷，主干顶和枝头有大花苞。神树的分枝有两层，猜想第一层虽然只绘有左右2枝，至少应有3枝，一共是6枝。这与1号神树的9枝不同，而且枝头也不见鸟形。

观察发现神树绘有底座，而且应当是双层底座，底座下似乎有

图 2　三星堆 3 号坑
出土玉琮

图 3　三星堆 3 号坑
出土玉琮另一侧面

三星堆3号坑出土树纹玉琮观察

图 4　三星堆 3 号坑出土玉琮一侧神树线绘

图 5　三星堆 3 号坑出土玉琮另一侧神树线绘

三星堆：青铜铸成的神话

图6 三星堆3号坑
出土玉琮反色观纹

个人形。我推测神树的主干在下层底座上是可以旋转的，不然这个双层底座的设计就没有实际意义。

我们在神树图形的下方还可以看到，神树的底座耸立在两条贯通玉琮的平行线上，这应当表示的是地平线。也即是说，玉工要表达的意思，是神树原本是立在地上的。

正是因为玉琮上出现了神树图，研究者都会判断这是本地制作的。过去我讨论过这个问题，说玉琮观念甚至是有些实器原本是由外部传入的，但古蜀人也有非常得意的仿制品，这一件玉琮的发现又提供了一个确证。

我们还可以由这枚玉琮的发现做出一个推测，古蜀大型的青铜神树制作时，一定绘有精准的设计图，当时不会只是凭感觉做出了那么高大的艺术品。那么其他的青铜器也会是一样，有完善的设计，才会有完美的作品。

发现了这样一件神树图玉琮，会让所有的考古人尤其是古玉研究者感到意外，它不合常理，太不合常理。玉琮上如果刻画上神面，如良渚文化那样的神面，大家都不会觉得意外。神树与玉琮的结合，启发我们重新探讨这两者的象征意义，这一点容我们留待日后再行研究。

象牙与其他

古蜀时代的象牙

三星堆与金沙象牙出土知多少？

三星堆和金沙遗址发掘到许多象牙，而且大都保存较好，这着实让人觉得有些意外。

1986年，在三星堆考古中就发现过象牙，而且数量不少，统计有80多根（图1）。这个发现在当时就让人非常诧异，不知道这么多的象牙来自哪里，古蜀人要它们有什么用处，又为什么将它们与大量铜器、玉器埋藏在一起。有的学者看到与象牙同时出土的青铜立人像那握成环形的左右手，推测很可能握的就是象牙，这更加引起人们对出土象牙的关注。目前，三星堆新的发掘又出土许多了象牙（图2、3）。

图1　1986年三星堆出土象牙现场

图2　2021年三星堆新坑出土象牙

图3　2021年三星堆新坑出土象牙

图4　金沙出土象牙

　　三星堆见到的象牙集中出土于祭祀坑。1986年发掘的1号祭祀坑内出土13根，2号祭祀坑出土60余根，象牙纵横交错地摆放在坑内上层。新发掘的几座祭祀坑出土象牙还没有准确统计，但从现场发掘来看数量也是惊人的。

　　金沙发现的象牙有的是零星出土，有的是层层堆积，有时见到堆积八层的象牙。金沙出土象牙超过了1000根！1000根象牙是什么概念？是500头大象的贡献！有的象牙被截成小段，有的集中码放埋藏，有的散落周围，也都是在祭祀区发现的。金沙象牙还有很多都是整根的象牙，最长的约有1.6米。以往古代象牙与象牙制品在国内外考古中也有出土，但是罕见完整象牙，更没有见到成堆的完整的象牙（图4、5）。

　　而三星堆的象牙则是集中埋藏在坑中，有的还经火烧过。

　　三星堆和金沙出土象牙如此之多，这可是绝无仅有的发现，被视为古蜀文明的一大奇观，也是一道别样的风景。

图 5　金沙第 1 号祭祀遗迹发掘现场

　　古蜀人为什么对象牙如此感兴趣，他们又是如何得到如此多成年大象的象牙呢？他们拿这些象牙派什么用场呢？

古蜀象牙来自何方？

　　看到三星堆和金沙成堆的象牙，我们会生出很多疑问，一个重大的疑问是：3000 年前这么多的象牙是从哪里来的呢？

　　金沙象牙的来源，研究者有两种推测：一说来自于西亚中亚，是古蜀由贸易得来；一说来自当时生活在成都附近的象群，是古蜀人狩猎所得。

　　成都附近那会儿真是大象出没的地方吗？

　　三星堆和金沙出土的象牙，鉴定为亚洲象。我们知道现代象有亚洲象与非洲象两种，而亚洲象只有雄象有一对长象牙，非洲象是雌雄都有长牙。相比而言，亚洲象的象牙更显珍贵。现代亚洲象主要分布在南亚和东南亚地区，中国只在西双版纳一带还有野象生存（图6）。

根据《山海经·海内南经》的说法，成都附近以前有象，说是岷江的水从岷山流出，那里有犀牛，有大象。《山海经·中山经》还说巴国有一种大蛇，可以吞下一头大象，所谓"巴蛇食象"也。《楚辞·天问》中"有蛇吞象，厥大何如"的发问，显然也说的是巴蛇食象的事。

蜀地人常璩所作《华阳国志》也说，古蜀国物产丰富，宝物有美玉、犀牛和大象。与蜀近邻的楚国也有象，《左传》定公四年、僖公十三年提到楚地有象。

有学者说到"想象"这个词的来由，好像与大象的迁徙有关。殷商时期河南一带气候温暖，适合象群的生存，后来随着气候变冷，象群逐渐向南方迁徙。古人为象群的远去而生出想念之意，于是造出了"想象"这个词。

如此看来，三星堆与金沙遗址出土的象牙，有可能是古蜀人在自己的祖居地狩猎得来的。

也有一些学者认为这些象牙是舶来品。古蜀国与西亚、中亚地区的古国有贸易往来，远国的商队带来了象牙和海贝等，换回了古蜀国的蜀锦和蜀布等。他们不相信《华阳国志·蜀志》说岷山有犀、象，岷山为高山峡谷的干寒地区，并不适应大象生存。三星堆和金沙的大批象牙不是原产于当地。

三星堆和金沙发现的古蜀国的大量象牙，究竟是本土所产还是由外域引进，我们现在依然没有准确的结论。

图6 亚洲象

古蜀人用大量象牙做什么？

三星堆出土过一尊高2米多的青铜立人像，立人像双手抬起作握物状。遗憾的是，雕像手中空空，原来所执何物，我们已经无从知晓。有人推测青铜大立人手执的是玉琮，也有人说是象牙。如果是象牙，有人进一步推测只有蜀王才有权力执整根象牙进行祭祀。

这么多的象牙，许多学者都认为是一种祭祀用品，象牙真的是祭品吗？

为印证这个推测，人们列举三星堆2号坑出土一件玉璋上的图案，图案中的两座山形外侧，各插立着一件粗大的弯形尖状物（图

古蜀时代的象牙　　　　257

7）。有人认定那就是象牙，说明象牙在当时可能是祭祀山川的礼器。当然也有人说图像描绘的并不是象牙，而是玉璋。金沙一件玉璋上的图案也值得注意，上面刻画着两个跪坐的扛物人，所扛之物一端尖一端粗的样子，似乎就是象牙（图 8）。这扛象牙的人应当是出现在某种仪礼场面上的形象，也许又是一个古蜀人用象牙祭祀的写照。

这样看来，我们似乎可以相信，三星堆与金沙的大量象牙都是祭典过后埋藏的祭品，是献给神们的礼物之一。至于一次祭典要用多少象牙，1000 多根象牙又是多少次祭典积攒起来的，那就不得而知了。

象牙用作随葬，用作牺牲，当然也不是古蜀人的专利。处在长江三峡中的巫山大溪文化墓葬中，就见到用作随葬的象牙。一个死者的头部枕着一根大象牙，这是 6000 年前的例证。在安阳殷墟先后发现过两座象坑：一座坑内埋有一头幼象与一名象奴，另一座坑内埋有一头幼象和一只猪。用象作牺牲，在商王朝并不普遍，也是一种非常之举。

古蜀人用象牙作祭器，也用象牙制作饰品。三星堆 2 号坑就出土象牙珠 120 颗和

图 7　三星堆 2 号坑出土祭山图玉璋线绘

258　　　　　　　　　　　　　　　　　　　三星堆：青铜铸成的神话

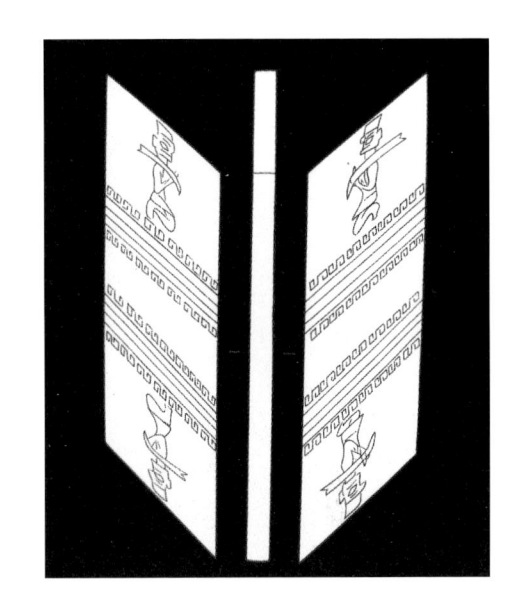

图8 金沙出土刻纹玉璋线绘

象牙器残片4件，象牙器残片上雕刻着兽面纹和云雷纹等。金沙出土有饼形象牙片，可能是加工饰品的半成品。

当然也有人不大同意古蜀用象牙祭祀的说法，认为古蜀国曾有象军建制，那些整齐堆放深埋于地下的象牙，是在象阵大战中牺牲的象军遗骸。

我们知道殷商时代有象军。《吕氏春秋·古乐篇》中有"商人服象，为虐于东夷"的记述，说商人驾驭大象作战。

因为殷商有象军，人们推测古蜀也应当有象军，说不准他们还是从古蜀引进的象军呢。因为古蜀有象军，金沙出土大量象牙，很可能是大战牺牲的大象的遗骸。这个推测很有意思，当然只是推测，我们还需要寻找更多的证据。

古蜀国真的有"象军"吗?

因为在三星堆和金沙出土了许多大象牙,这引起了一些人的猜测,有人提出一种推论,认定古蜀国应当建立过象军队伍。

古蜀国真的有"象军"吗?

据文献记述,在长江中游的荆楚地区,似乎出现过象军作战的战例。《左传·定公四年》说,"针尹固与王同舟,王使执燧象以奔吴师"。一些研究者认为,这是中国古史上记录的象战实例之一。

这里所说的"燧象",也许是当年一个特有的词,现代人并不容易理解。杜预注说:"烧火燧系象尾,使赴吴师,惊却之。"是说楚昭王与吴王阖闾对阵失利,为逃避吴军追击,昭王让针尹固用火炬系在象尾,这便是"燧象"。受惊吓的大象狂奔进追兵大队中,阻止了吴军的追击,昭王因象军而脱险。从这个故事里,学者们认定楚国驯养有战象,应当有象军建制。唐代孔绍安有诗《结客少年场行》,其中有诗句说到此事:"吴师惊燧象,燕将警奔牛。"象也好,牛也罢,都是在尾巴上系火而受惊才去冲锋陷阵的,相似的历史战例,很让人回味。

传说古蜀王开明氏来自荆楚,楚既然有象军,有人认为他应当有用象军作战的经验,很可能在古蜀组建过象军。甚至还有人这样猜测,是首领鳖灵带领象军打败了杜宇,取得了古蜀国的王位,建立了开明王朝。

也许古蜀人有没有过象军还真的不好说,不过在世界战争史上,倒确曾是有过象军作战实例的。训练有素的象只,战时能冲锋陷阵，有很大的杀伤力。大象虽不如战马灵活，但它却是有生命的"坦克"。

古蜀人是否建立过这样的"坦克"部队，仅依现有的发现看，我们还不能得出准确的结论来。不过那些成堆的象牙，却是很能让人作出如此想象的。古蜀人的象军也许真的有一定的规模，也许真的就在古蜀大地上往来驰骋过。

世界上最古老的象军出现在哪里？

在公元前4世纪，战象开始在南亚驰骋疆场。马其顿王亚历山大远征印度时，印度波鲁斯就曾率领象军出击。当时象背上还没有象舆，是由两个战士骑着作战。亚历山大为纪念这次战事，在发行的铸币和奖章上，铸有骑着战马的亚历山大和乘坐战象的波鲁斯对阵图像。

印度孔雀王朝的陆上部队有车兵也有象军，阿育王征集步兵60万、骑兵3万和战象9000头，完成了基本统一印度次大陆的作战。

希腊人在远征印度时学会了使用战象，皮鲁斯在意大利战场上使用过战象同罗马人作战。皮鲁斯是亚历山大的远亲，他的大军中有20头战象，作战时每头象除有一名象奴驾驭外，象背上还有几位手持长矛的士兵（图9）。

古印度的象军，在中国的史籍中也有记载。《史记·大宛列传》说，"身毒……其人民乘象以战"。《后汉书·西域传》也说，"天

图9 遥想当年象阵

竺国，一名身毒……其国临大水，乘象以战"。南亚和东南亚国家因大象资源丰富，所以不少国家训练有战象，军队中有象军。战象背上设象舆，军士坐舆中，大象前后有驭象手，两旁有刀盾手护卫。最著名的一次象战发生在1584年，暹罗王纳黎萱率领数百头战象队伍对缅甸王国开战，结束了暹罗对缅甸的依附关系。

这些象军的历史，没有楚国的古老，更没有殷商的古老。《吕氏春秋·古乐篇》中有"商人服象，为虐于东夷，周公遂以师逐之，至于江南"的记述。通常认为这里说的"服象"，就是驾驭大象作战。殷墟出土甲骨文中屡见"获象""来象"之文，大象对于殷人并非稀见之物。

大象在殷商是仅次于马匹的重要畜力，甲骨文记商人用大象载物，还用大象耕田，还有雄象组成的象阵。用于作战的象只披挂着犀牛皮、牛皮和硬木护甲，象军是最精锐的部队。商王武丁曾经出动数万大军远征羌人，大军中就有象军。商纣王远征东夷时的联军中，也有冲锋陷阵的象军。商王朝的象军，有可能是历史上最古老的象军。

古代巴蜀到底有没有文字?

汉代人扬雄说古蜀国没有文字,甚至不知礼乐。

在成都金沙遗址出土古蜀文物上,我们没有见到文字类的刻画。同样在三星堆的文物上,也没有发现明确的文字证据。要知道在中原地区的这个时候,不仅有甲骨文,还有大量铸造在青铜器上的铭文。古蜀人是没有自己的文字呢,还是不乐意将文字刻画书写在器具上呢?

我们知道,商代晚期至西周时期已有成熟的文字,殷墟甲骨文和金文是最好的证明。但在殷墟甲骨文没有被发现之前,人们并不知道商代有系统文字。在殷墟出土的龟甲、兽骨上发现商王室记录了大量与占卜有关的文字,这个时候人们才恍然大悟,原来商代不仅有文字，而且有相当成熟的文字。

金沙遗址也发现了占卜用过的龟甲，但上面却没有发现任何文字痕迹。不过这并不代表古蜀国没有文字存在，我们现在发掘的仅是金沙遗址的一角，还有更多遗存有待进一步发掘，到那时说不定就会见到文字资料。再说古蜀文字并不一定刻在卜甲上，它很有可能在其他可以书写刻字的材质上，这样的材质又很难保存到今天，要有所发现是很困难的事情。没有发现并不代表没有，将来的情形还不好说，现在还不能下定论。发掘时再细心一些，也许会在树叶、树木和布帛上发现文字证据，中原地区现在看到的文字载体都是卜甲和铜器，但不能认为只有甲骨与铜器上才会有文字，只是其他材质上的文字还没有发现而已。

有学者认为，按照文献的说法，古蜀确实没有文字记载。不过汉代文献又说一个名叫尸子的人曾在蜀国著书立说。尸子在秦国曾与商鞅一起变法，秦惠王继位后，公子虔等人诬告商鞅谋反，商鞅遭车裂之刑。尸子秘密逃入蜀地，在川蜀终老一生。尸子在蜀著书，"凡六万余言"，名为《尸子》。尸子跑到一个没有文字传承的地方去著书，他也一定将这文字传播到了那里。

有一些学者认定古蜀可能有文字，他们由战国前后那里流传的一种"巴蜀符号"，论定它们具有文字意义。当然也有学者认为这种符号究竟是不是文字，目前也还没有定论。

虽然在三星堆和金沙并没有发现铸有巴蜀符号的典型器物，不过对于所谓的"巴蜀符号"有没有文字特征，是不是古蜀国的文字，倒还是有必要作些思考（图1—3）。

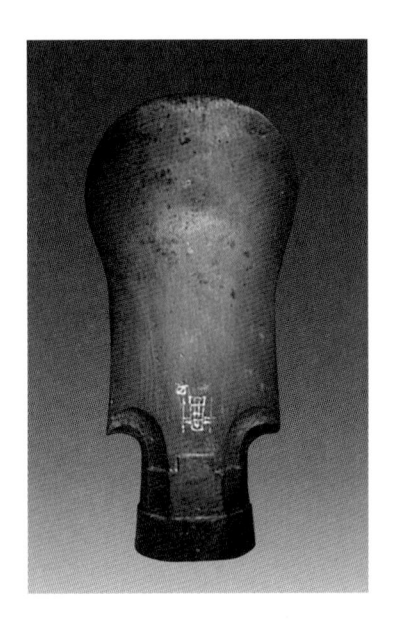

图1　四川新都马家出土巴蜀铜钺

图2　刻有字符的巴蜀青铜兵器

图3　刻有字符的巴蜀青铜兵器

古代巴蜀到底有没有文字？

学者们所谓"巴蜀符号",是指铸刻在古代巴蜀兵器、乐器和印玺等铜器上的符号,时代属战国至西汉初期,明显晚于三星堆和金沙跨越的时代。这类符号或单独出现,或组合排列,这样的器物有数以千计的发现(图4、5)。

还是在20世纪20年代初,成都北郊的白马寺坛君庙一带出土了古铜器近千件,许多铜器上铸刻有各类符号。这铜器在发现时被哄抢一空,后来有的流传到收藏家手中。藏家为铜器上的神秘符号所吸引,认为铜器当是夏代中原文物,那些符号可能是想象中夏代的文字。

这个发现过了20年之后,这些铜器资料才开始得到收集并公诸于世,而且明确定性为春秋战国时期的巴蜀文物。又过了半个多世纪以后,由于更多新资料的问世,这些符号才受到比较广泛的关注,它才开始有了"巴蜀符号"的名称。

常见的巴蜀符号有虎纹、手心纹,也有不少几何形符号。因为有些符号具有明显的图画性质,具有图解寓意的特征,又被一些研究者称为"巴蜀图语",也有的直接认作巴蜀图形文字。这些符号既不同于甲骨文,也不同于金文,在不能确认它是文字之前,暂称为"巴蜀符号"也还是可以的。

有的古文字学家很重视这些发现,将巴蜀文字分为甲、乙两类,认为都是文字。也有学者认为这些图符是一种拼音文字,也有人说是古代巴蜀的象形文字。更有学者说,巴蜀文字不但有两类,而且两类文字均可在商代找到其起源的痕迹,巴蜀文字最初起源于蜀,后来传播至川东,成为巴蜀地区通行的文字。有学者还宣称读出了

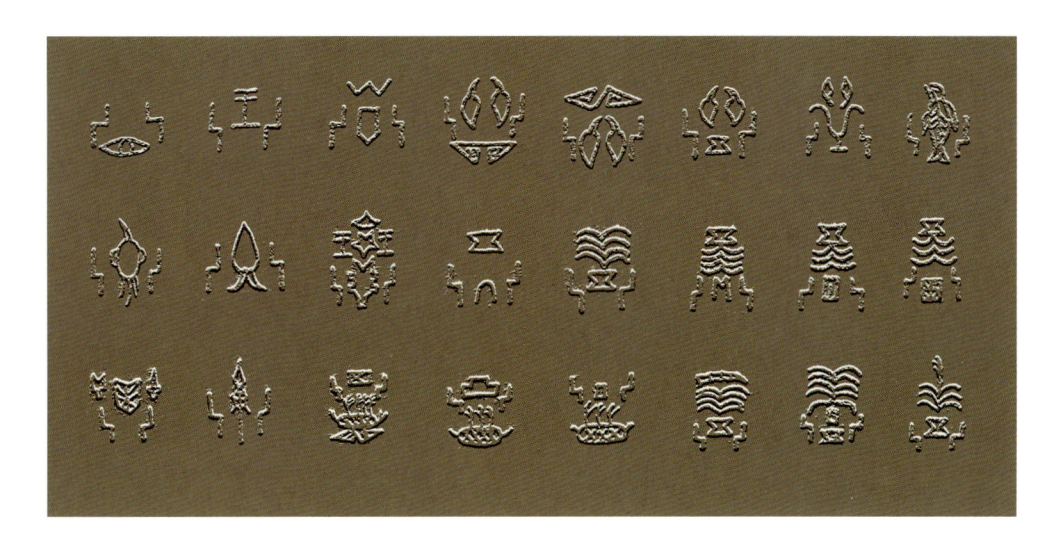

图 4 巴蜀青铜器上具有徽识意义的符号

图 5 巴蜀符号印章

古代巴蜀到底有没有文字？

其中的"成都"二字，又有人说从中看到了孔子"仁"的思想。

当然考古学家的态度可能要谨慎一些，他们认为巴蜀符号不大可能是文字，而是一种图画语意符号。我自己也曾对此作过研究，认为符号的构形非常规范，符号组合也有规律，它应当是巴蜀时代的部族徽识，是区别彼此的图标。

首先有一点是要肯定的，就是这样符号中相当多的元素都已完成定型化，应当有固定的意义。不同符号组合起来，也一定具有明确的含义，所以将它看作是巴蜀文字体系也未为之过。

有研究者为巴蜀符号的研究写下这样一段话，我觉得很好。我，还有读者们应当与他有着同样的期待：

> 毫无疑问，巴蜀符号是一个巨大的谜团，但是这个谜团本身有可能是一个窗口，在中华民族史中有着举足轻重的地位，每一个单薄的图符背后，都可能活跃着一群生动的面孔，可能掩藏着一段隐秘的历史。巴蜀符号集中了古蜀文明所有的神奇，它的解读将对我们了解神秘的古巴蜀王国文化起到决定性的作用，是我们揭开三星堆文化秘密的钥匙。
>
> 但现在的关键在于，我们必须拿到这把钥匙，并且掌握它的使用方法，使我们走进古蜀人的心灵，走进他们的生活，走进那个神秘的远古世界。

巴蜀探秘：
一条驶出小栅栏的大战船

这一个话题，由一种现代人已经很生疏的古代乐器开说。不过要说的主题其实并非是乐器，但却与这乐器有些关联。

小栅栏驶出一条大战船，这里面讲的是个怎样的故事呢？这是古代巴蜀的故事，且看下面为你细细分说。

何物錞于？

古代有一种乐器，名为錞于。又可简称为錞，它的名字显得比较特别。宋人陈旸《乐书》解释了其中的道理，说是"自金声之淳

图1 重庆涪陵小田溪出土战国錞于

言之,谓之錞"。似乎明白了一些,声音淳厚,于是有了錞的名号。只是当初用它奏乐的人是不是也这样理解,我们就不得而知了。陈旸所在的宋代毕竟离开錞于流行年代有千年之遥,这只能算是他个人的理解吧。

錞于体作圆桶形,一般是青铜铸成,上有纽系悬挂,用棒槌击打发声。上面的纽常常会铸成一只站立的虎形,所以又被研究者称为虎纽錞于。因为是圆桶之形,发音确实比较纯厚,有如撞击大钟,乐声远播(图1)。

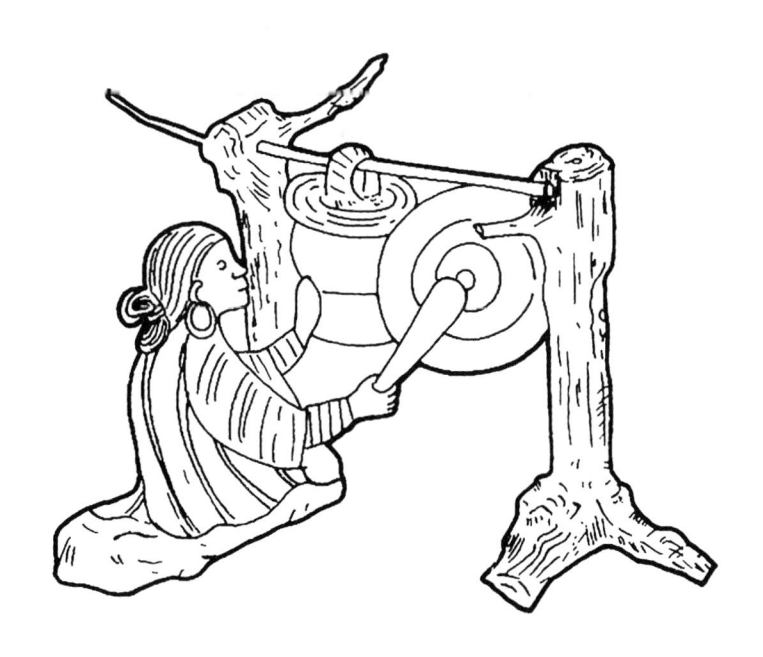

图 2　云南晋宁石寨山 12 号墓出土西汉铜贮贝器上的雕像

　　錞于演奏之法，历代记述纷杂，难于采信。不过从云南晋宁石寨山出土西汉时期的铜贮贝，看到器上铸两人扛一木悬有錞于和铜鼓，又有将錞于正悬横木上的图像，旁边有人击打錞于和铜鼓，人们才明了演奏它的标准姿势（图 2）。

　　錞于是古代军伍乐器，最早创制于春秋，盛行汉时。读《国语·吴语》说"鼓丁宁、錞于、振铎"，这三种都是响器。又《周礼·地官·鼓人》说"以金錞和鼓"，錞于配鼓，指挥兵士进退。所以《淮南子·兵略训》就有了"两军相当，鼓錞相望"的说法。

　　不过这錞于的使用，是有特定地域的，在中原并不那么流行，但在南方尤其是西南比较盛行。一般认为虎纽錞于为巴国乐器，其出土地点主要分布于与鄂、湘、渝、黔毗邻的巴人活动地区，有人

图 3　重庆涪陵小田溪 2 号墓出土战国錞于上的虎纽

统计见于资料报道的就有百余件之多。

有考证说，最早的錞于创自春秋齐鲁之地，传入江淮又传入西南巴人聚居区，是巴族结合崇虎传统铸成虎纽錞于，如考古学家在重庆涪陵小田溪 2 号战国墓发现的錞于即为虎纽（图 3）。重庆出土虎纽錞于的年代多属战国时期，而邻近的鄂西南和湘西北出土的虎纽錞于多为两汉时期，这是錞于行世的大体时限。

有理由认为虎纽錞于是晚期巴文化中最具代表性的器物之一，不仅是虎纽体现了巴人的虎崇拜，錞于上铸刻的一些图案与符号，也与巴式青铜兵器有不少相通之处。这就是研究者称述的"巴蜀符号"，专指巴式符号可称为"巴族符号"。

这"巴蜀符号"，才是这里要说的正题，我们就由这虎纽錞于说起。

有鱼有船便是渔船？

有一种符号，叫作巴蜀符号。这些符号已经发现数百种，除了少数象形符号外，基本处在无解读状态。

在战国至汉代的巴蜀风格铜器上，主要是在独具一格的兵器、工具、乐器和印章上，常刻铸着一些具有鲜明特色的图形，包括人形、动植物形和几何形等。各类图形往往复合成不同的画面，让人觉得神秘莫测，它们被统称为巴蜀符号。

在錞于的虎纽周围，常常会出现船纹、鱼纹、鸟纹、人面纹及其他一些符号等。其中又以船纹最是招摇，它也可以认作是一种符号。这让人想到《后汉书·巴郡南郡蛮》等文献记巴族廪君务相以土为船、船浮而王的传说。

巴人通过赛船立君长，以船为家，以船为棺，虎纽錞于中的船纹正是这传统的写照。

唐人梁载言《十道志》说："楚子灭巴，巴子兄弟五人流入黔中，汉有天下，名曰酉、辰、巫、武、沅等五溪，各为一溪之长，号为五溪。"五溪蛮聚居的黔中之地，出土不少东汉时期的虎纽錞于，表明巴灭国若干世纪之后民族信仰依然得到传承。

在出土东汉时代的虎纽錞于上，我们见到最多的巴族符号，是船形纹和鱼形纹。船只如同在行进之中，船下有一尾似乎是活蹦乱跳的鱼。有时鱼也不一定就在船的下方，但也总是在与它正对的一个位置上。船在水上，水里有鱼，这是两个象形符号，并不难辨别出来。

图 4　重庆奉节文管所藏东汉錞于符号 　　　　　图 5　湖北咸丰出土东汉錞于符号

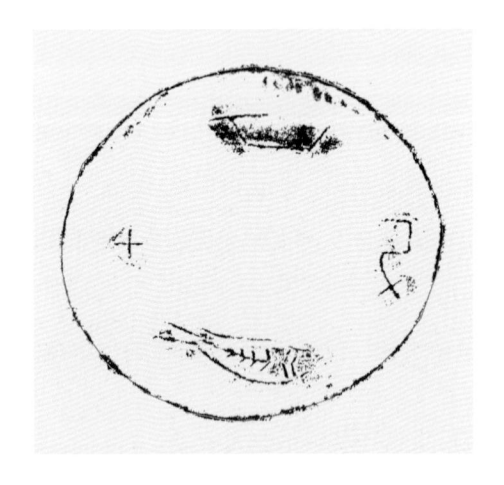

图 6　《小校经阁金石文字》著录东汉錞于符号 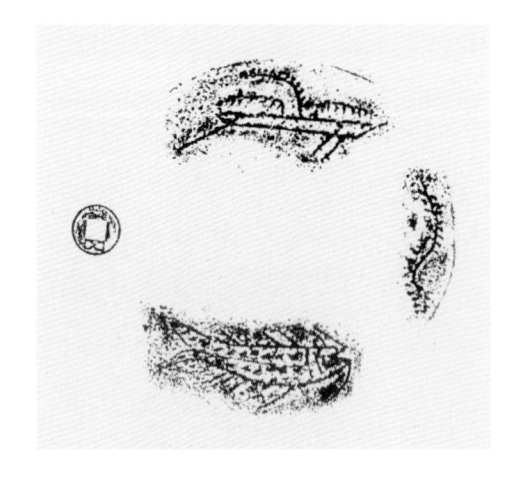　　图 7　湖南省博物馆藏东汉錞于符号

  当然也有的时候，錞于上的这条船描绘得非常简单，船体只不过是一个封闭的梯形，再斜插两条平行线作为船桨而已。如重庆奉节、湖北咸丰和其他一些馆藏所见錞于上的图像，船与鱼总是在对应的方位上出现，如影随形。鱼一般都是具像刻画，船却是简化得不能再简化，一个框式船体，两根平行线表示船桨，至多还有一两面飘扬的旗幡之类（图 4—10）。

274　　　　　　　　　　　　　　　　　　　　　三星堆：青铜铸成的神话

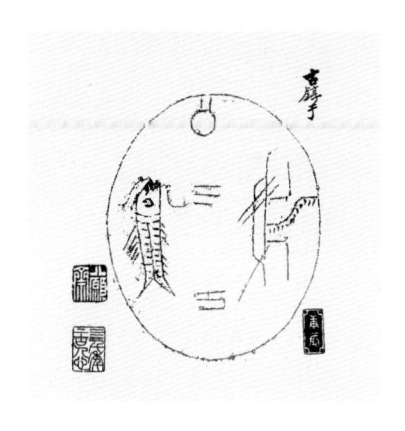

图 8 《小校经阁金石文字》著录东汉錞于符号

图 9 湖南省博物馆藏东汉錞于符号

图 10 湖南省博物馆藏东汉錞于符号

    不过往前追溯到西汉时期，錞于上的船和鱼也是一对，只是船的刻画较为繁杂一些，船上不仅有桅杆和旗幡，还见到了挂在鼓柱上的大鼓，这似乎是一艘战船了。除此之外，鱼纹虽然变化不大，但它的身旁出现了与它平行的、作尖头的横"S"形纹。这是一种重要的图形组合，鱼形与符号组合，它频繁出现在更早时代的巴式铜器上。

巴蜀探秘：一条驶出小栅栏的大战船

图 11　湖北利川文化局藏西汉錞于符号　　　图 12　湖南省博物馆藏西汉錞于符号

    船和鱼多了一个伴，多了这个经典的符号，这个符号应当与鱼纹密切相关，认识到这一点非常重要。这类标本见于湖北利川和湖南省博物馆的收藏，数量虽然不多，但承载的信息却非常重要（图 11、12）。

    再看战国时期，重庆三峡博物馆、四川大学博物馆和湖南省博物馆收藏的錞于上，都见到西汉同类的船纹与鱼纹。船上有立鼓旗幡，而且造型都非常接近，表明已是一种定型符号。相对应位置上的鱼纹，也都伴有横"S"形纹。我们在研究巴蜀铜器时，将这样一些象形和几何形都归入巴蜀符号之列（图 13—15）。

    有人说，巴人善使船，善捕鱼，于是錞于上就有了鱼和船的装饰。其实不然，这船虽是与鱼相关，那鱼只是个衬托，船上旗幡飘然，战鼓耸立，乃是战船无疑。

    东汉时期錞于上那样抽象表现的船只，也应当是战船，一定是巴族后人对传统的记忆与回味。

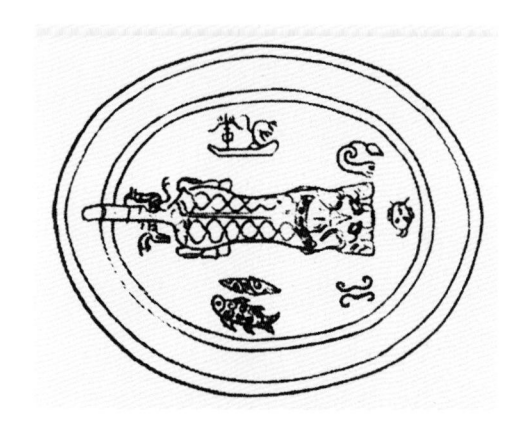

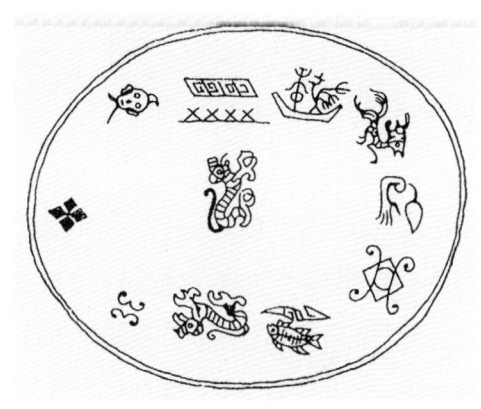

图 13　重庆三峡博物馆藏战国錞于符号

图 14　四川大学博物馆藏战国錞于符号

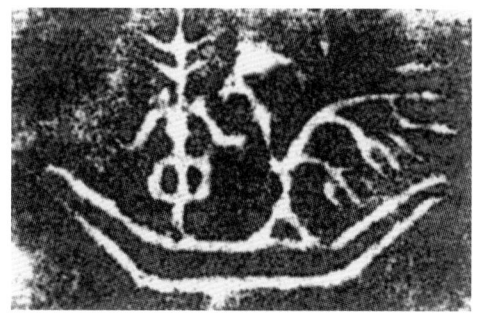

图 15　湖南省博物馆藏战国錞于符号

巴蜀探秘：一条驶出小栅栏的大战船

栅栏如何变成战船？

在巴族及蜀族更多的青铜器上，在出现的符号中，不难见到鱼和船，但情况却有些不同。

考古发现标准的鱼形符号见于重庆巴南冬笋坝，其9号墓出土两件铜钺上都铸有鱼纹。在绵竹清道土坑墓所出数十件兵器工具，也大都铸有鱼纹。这些有鱼纹的巴蜀兵器和工具，大部分时代早到战国中期，没有太晚的例证。

严志斌发表论文认为，巴蜀符号中鱼形符号出现频率并不高，而且集中出土地是在川东北的四川渠县土溪镇城坝遗址，如该遗址出土的铜钲、錞于、矛和钺。还有重庆冬笋坝出土两件铜钺也有鱼形符号，又显示出其巴人的族群特性，所以他倾向于将鱼形纹理解为巴人特有的符号。[1]

当初我曾注意到这个问题，推测"鱼形纹的消失是否为别的图案化单元所取代"。[2] 现在似乎发现一点线索，这便是横"S"形纹的出现。

我们已经知道，横"S"形纹在錞于上与鱼纹如影随形，觉得两者含义同一。战国后期除了錞于以外，巴蜀青铜器上鱼纹少见，却并不稀见横"S"形纹。在许多巴蜀印章上，横"S"形纹经常出现，而且常与"王"字形纹同在，似乎也透露出这不是一般的符号。严志斌有统计说，横"S"形符号在巴蜀符号中出现频度较高，目前所

---

1. 严志斌等：《巴蜀文化栅栏形符号考察》，《四川文物》2016年4期。
2. 王仁湘：《巴蜀徽识研究》，《中国考古学会第七次年会论文集》，文物出版社，1992年。

见有83件,"在巴人区与蜀人区皆有出现,是一种跨人群、跨区域的符号"。

更加引人注意的是,横"S"形纹还常常与一种形似栅栏的符号同在,这栅栏形纹又有什么含义呢?

所谓栅栏形符号,是我当初研究巴蜀符号时提出的一个临时定名。纹饰下部像是圈围的编排栅栏,上部有几枝草木形纹,如巴南冬笋坝4号墓的矛、50号墓的戈,涪陵小田溪1号墓的兽头构件和剑、3号墓的矛,还有绵阳的剑,都铸有这样的栅栏形纹。上海博物馆收藏的一戈,也铸有栅栏形纹,只是出土地点不明。估计栅栏形纹的分布仅限于川东和川北,具有明显的地域特征,也即是说,它主要是属于巴人所拥有的符号。

我们仔细观察可以发现,在栅栏纹组合中常会出现回纹,见于冬笋坝4号墓的矛和上海博物馆收藏的戈,与回纹共存的例子还见于涪陵小田溪3号墓的矛。我曾指出"栅栏形纹组合是川东川北地区特有的组合形式,具有重要意义"。但意义何在,当时并没有说明(图16—24)。

严志斌撰文研究了栅栏形符号,他认为"在巴蜀文化中的使用时间是在战国中期延至秦代,集中于战国晚期这一时段内;栅栏形符号主要发现于巴人的墓葬中,可能主要是巴人所使用的一种符号;形成常见的组合关系;栅栏形符号比较集中的出现于峡江地区的冬笋坝墓地与小田溪墓地,其所出墓葬的等级说明墓主在墓地内处于

图 16　重庆文化遗产研究院藏战国铜矛符号

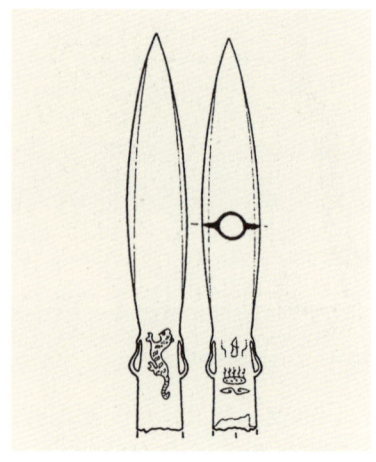

图 17　四川绵阳博物馆藏战国铜矛符号

图 18　上海博物馆藏战国铜戈符号

图 19　四川绵阳博物馆藏战国铜剑符号

图 20　四川绵阳涪江沿岸出土铜剑符号

图 21　四川蒲县盐井沟出土铜矛符号　　　图 22　重庆涪陵小溪 9 号墓出土铜剑符号

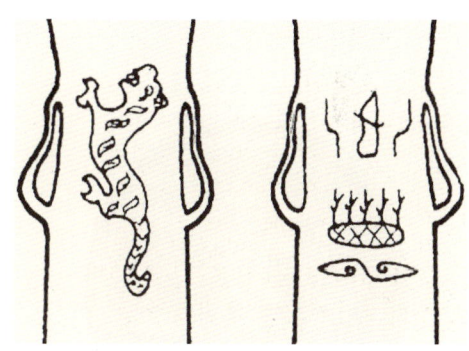

图 23　重庆涪陵小田溪 1 号墓出土战国铜构件符号　　图 24　四川蒲江盐井沟出土铜矛符号

社会阶层的上层"。[1]

严文统计铸刻有栅栏形符号的巴蜀器物有 18 件，相对于巴蜀符号中其他一些符号的出现，这个符号的出现是比较晚的。他还注意到，"科学出土并能断代者，年代皆集中于战国晚期到秦这一较短的时间范围之内，似乎说明这个符号的使用时间其实是很短的"。现在看来，实际上它是被相同意义的符号取代了。

---

1. 严志斌等：《巴蜀文化栅栏形符号考察》，《四川文物》2016 年 4 期。

巴蜀探秘：一条驶出小栅栏的大战船

图 25　四川新都河屯出土战国铜印符号 　　图 26　四川宣汉罗家坝 24 号墓出土战国铜印符号 　　图 27　珍秦斋藏战国铜印符号

图 28　贵州沿河神坝渡出土战国铜印符号 　　图 29　珍秦斋藏战国铜印符号

　　严志斌还有更细致的分析，这些分析为我们了解栅栏形纹打开了一扇窗。他说栅栏形符号组合有明显的一致性，统计的 19 件器物中，有 13 件为栅栏纹与横"S"形纹组合，占比 68%，并认为这种组合应该是栅栏形符号的核心组合（图 25—29）。

　　由时间节点，再由符号组合分析，我们可以得出一个初步结论：

图30 台北古越阁藏战国铜戈符号

图31 湖南石门博物馆藏东汉錞于符号

这栅栏形纹原本应当是船的形状，是符号化的船形，网格形的船体，枝杈形的船幡，它后来是被另一种优化的船形符号取代了！

这种船形符号的取代过程，在古越阁收藏的铜戈上可以找到线索（图30）。在戈上出现一条壮观的带有旗鼓的大型楼船画面，船的下方是一条大鱼。更有趣的是旁边还有小画面的栅栏纹与横"S"形纹组合符号，这完全可以理解成是楼船画面的一个注脚。栅栏纹表示楼船，横"S"形纹表示鱼。古越阁的铜戈纹饰恰是同类的栅栏形向楼船形符号转变的一个证据，虽然两组图符是否为同时铸刻尚不能判断准，它们寓意相通却是毋庸置疑的。

当然我们会觉得由栅栏形纹向船形图符的过渡，其间跳跃似乎显得过大，这一点还需要查找更多证据来说明。不过由湖南石门所见东汉錞于上带有网状线条的船形符号看，它与栅栏形纹是很近的，今后未必不会发现更多更早的相似例证（图31）。

在各地出土的战国铜器上，我们看到

巴蜀探秘：一条驶出小栅栏的大战船　　283

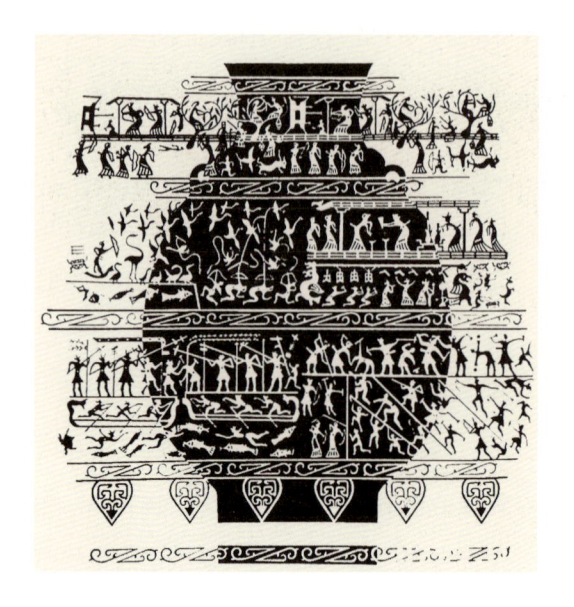

图 32　成都百花潭出土战国宴乐水陆攻战纹铜壶

图 33　战国宴乐水陆攻战纹局部

了生动的水陆攻战纹，这样的铜器曾在蜀地的成都百花潭也有发现。铜器上表现的水上船战，画面生动简练，船上旗幡招展，船下鱼鳖逐浪，战鼓咚咚，兵士勇战，刻画入微。巴人将画面符号化，也是一种特别的创造（图32、33）。

图 34　云南广南发现铜鼓船纹

图 35　广西西林发现铜鼓船纹

　　战船在古代南方民族中更是多见，一些铜鼓和贮贝器上都能见到它的图像，当然有些可能是民船而非战船。在这样的船下，也常表现有游鱼，与巴人符号的意境自然相通（图 34—37）。

那是三星堆人的飞天槎？

　　从小栅栏里驶出了一艘大战船，这个小题目写到这里就算是结束了。
　　但是，忽地见到又有一艘船驶了出来，这篇文字还要接着写呢。

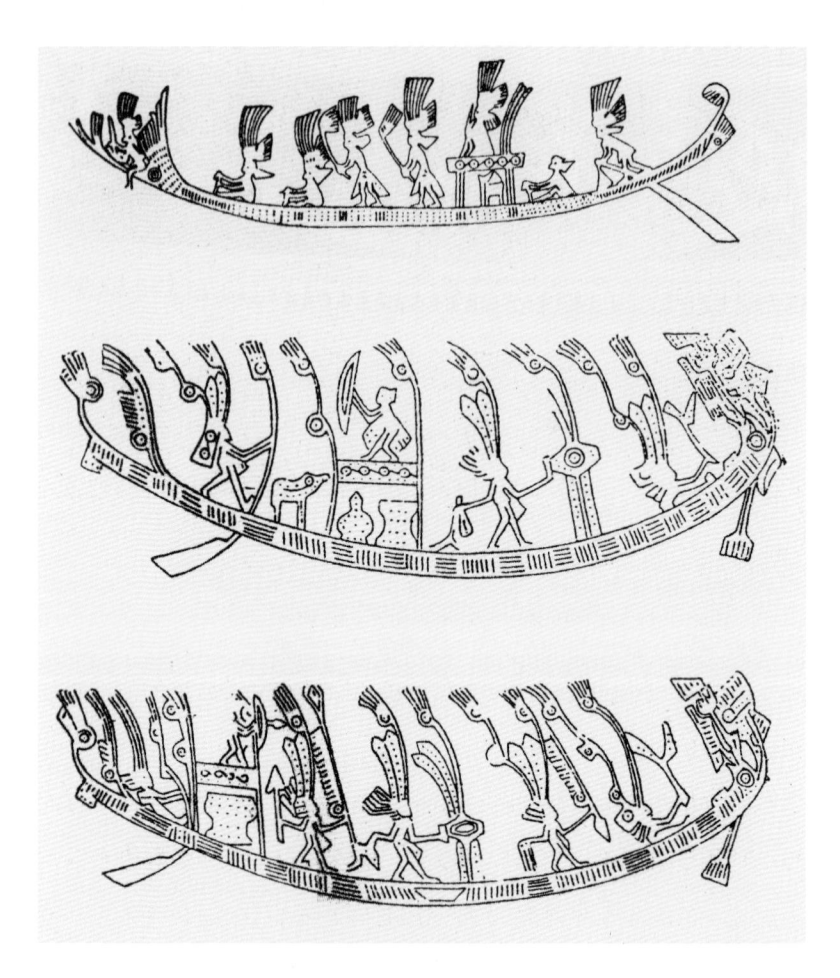

图 36 铜鼓纹饰（上图为广西西林发现，中下图为越南发现）

图 37 广州南越王墓出土铜提筒船纹

图38 三星堆2号坑出土祭山图玉璋

这艘船是由四川广汉三星堆遗址的一柄玉璋驶出来的,其实不是一艘,是四艘。

三星堆的这件玉璋出自2号坑,长达55厘米,是真正的一件大璋。它的正背都刻画有繁复的纹饰,而且是以表现人的装束及活动为主题,出现的人物有20多位,还有山形及太阳之类的场景。与本文讨论相关的是,"两山之间有船形符号,船中似有人站立",这是发掘者的描述。细审这船形,形体很小,外廓为方框形,框上有4—6根好似动的条,确实当是,船上有物或人(图38—40)。

发掘者认为这玉璋上的图形是船,也有其他研究者附和此说,而且认为可能是神话中的飞天之船。

将这样的船形纹,如果和汉代錞于上的船形纹相比,我们会觉得有较高的相似度。作为船形的符号,由简略抽象的框形开始,经过栅栏形的变化,经过细致的楼船阶段,最后又恢复到抽象表现。如此看来,巴蜀符号起源应当可以上推到约商代之际。

在中国古代神话中,有仙槎、浮槎的传说,按现代语词表述那

图 39　三星堆 2 号坑出土祭山图玉璋上的船纹

图 40　巴蜀船纹（符）的演变

就是能上天的飞船。被乱入传说的张骞往西域即是乘飞槎见到了织女，还带回了一块支机石。这样的神船，在蜀地一定有更古老的传说渊源。

玉璋上的飞槎，飘浮在两山上方，它一定是在表述一个我们忘却了的神话。这样说来，巴族铜器上的战船，是否也是古老神话中的一景呢？

四正与四维：
从中国早期两大方位系统谈古蜀时代的方位及三星堆 8 个坑性质

一、两个方位系统：提挈纲维与统领四方

　　古蜀时代的方位系统比较特别，与中原古代方位系统有明显区别，很值得关注。[1]

　　我先是注意到三星堆 8 个祭祀坑的方位和金沙博物馆遗址馆的遗迹方位。

　　三星堆现在一共发现 8 个祭祀坑，有什么特点？这些祭祀坑都是倾斜的方向。倾斜到什么程度？其实应该是 40°至 50°之间，

---

1. 王仁湘等：《金沙之谜——古蜀王国的文物传奇》，四川人民出版社，2010 年。

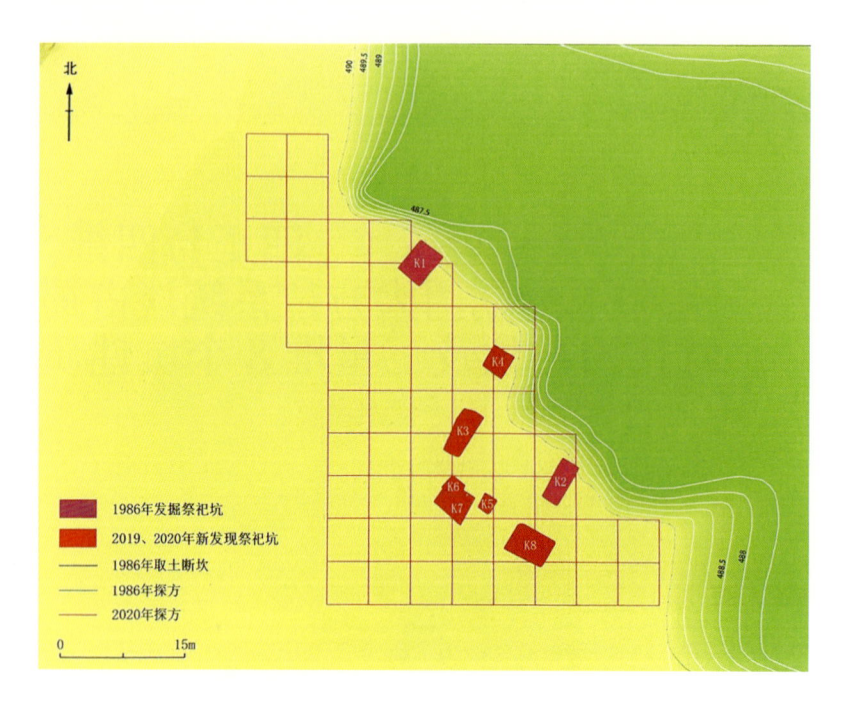

图1　三星堆祭祀坑所在区域考古发掘探方及祭祀坑平面图

或者是45°左右，就是说与山势的走向是吻合的，这一点非常重要（图1）。

而金沙遗址博物馆遗迹馆有7个排列有序的大洞。发掘者推测原来应有9个洞。在这些洞的底部都发现了残留的朽木，证实它们都应是柱洞。金沙遗址的这些柱洞直径都在50厘米以上，能立起的木柱相当粗大。9个柱洞分布在近20平方米的土层中，非常整齐地排列成一个长方形（图2）。推测这9根柱子支起来的，一定是一个高台建筑物，因为这个建筑正处在祭祀区中心，所以发掘者认为它可能是金沙人的一个高大的祭台，也有人认为它是古蜀"大社"。[1]更进一步说是"近500年时间，金沙人一直在此地举行祭祀活动，

---

1. 成都市文物考古研究所：《金沙——再现辉煌的古蜀王都》，四川人民出版社，2005年；《有9个柱洞金沙建筑基址是"古蜀大社"？》，《成都商报》2010年5月19日。

图 2　成都金沙遗址 9 个柱洞遗迹

所以这块区域才能出土如此众多的珍宝"。[1]

面对这些古蜀时代特别的遗迹，我们会想到一个问题：这些遗迹的方向是否有特定的意义呢？

有关学者在对金沙祭祀区这 9 个柱洞进行勘测后，发现 9 个洞规则性的连线与地球北极方向成 22°至 25°夹角，均值为 23.5°，这个度数等于"黄赤夹角"（黄道与赤道夹角）。有的专家据此提出了一种新的猜测，认为 3000 年前的古蜀人就能够根据太阳的运行轨迹判断季节的更替，进行相应的祭祀活动。每年春分即阳历 3 月 22 日前后，初升的太阳正好和祭台的朝向吻合。也许古蜀人正是选择在春分时节，在太阳升起时举行大型祭祀活动。[2]

所谓黄赤夹角，是指地球公转轨道面与太阳公转轨道面之间的斜交夹角，太阳的回归运动是在黄赤夹角之间进行的。在两条回归

---

[1].《探营金沙：200 米金属步道直通 3000 年前的宝藏》，《成都晚报》2007 年 4 月 11 日。
[2].《金沙遗址祭台对着天上星？》，《成都商报》2009 年 7 月 18 日。

线之间出现了太阳的直射现象，所以夹角的存在使地球有了四季和五带的变化。黄赤夹角会有周期性变动，现在是 23.5°，变动范围介于 22°至 24.5°之间，每一个变动周期为 40000 年，[1] 我们是不可能感觉到这种变化的。

试想一下，高高的祭台上下摆满了各色祭品，当太阳冉冉升起的时刻，或是太阳即将落下的时间，巫师缓步登上了高台。也许还有乐有舞，一番虔诚的祭祷之后，巫师从上天领来了神的旨意。最后是献祭，无数祭品被倾倒在河中，被埋进泥土。沟通天与地，沟通神与人，祭台在人们的心中崇高而神圣。

不论假设的金沙木构祭台方向与黄赤夹角是否吻合，祭台建筑不是正方向则是肯定的。虽然至今还没有见到正式公布的这座祭台的方向数据，但它是一座西北—东南朝向的斜向建筑是无可怀疑的，我们在现场便能一目了然。由黄赤夹角和木构祭台，让我们想到了一些有关方位的问题，觉得古蜀王国应当有一种特定的方位系统。

这个特定的方位系统是怎样的？古蜀人的特别的方位感又是怎样产生的呢？我们可以由古城址、宫殿址、祭祀坑和墓葬的布局方位，来了解古蜀方位系统的具体内涵。

根据初步报道，金沙附近一带发现的同时代的若干大型建筑基址和数十座一般居址，也"基本为西北—东南向"，而居址附近发现的 1000 余座墓也是"均为西北—东南向，头向西北或东南"。[2] 如金

---

1. 陈炳飞：《浅析黄赤交角变化的影响》，《地理教育》2003 年 4 期。
2. 成都市文物考古工作队：《四川新津县宝墩遗址调查与试掘》，《考古》1997 年 1 期；成都市文物考古研究所：《再现辉煌的古蜀王都》，四川人民出版社，2005 年。

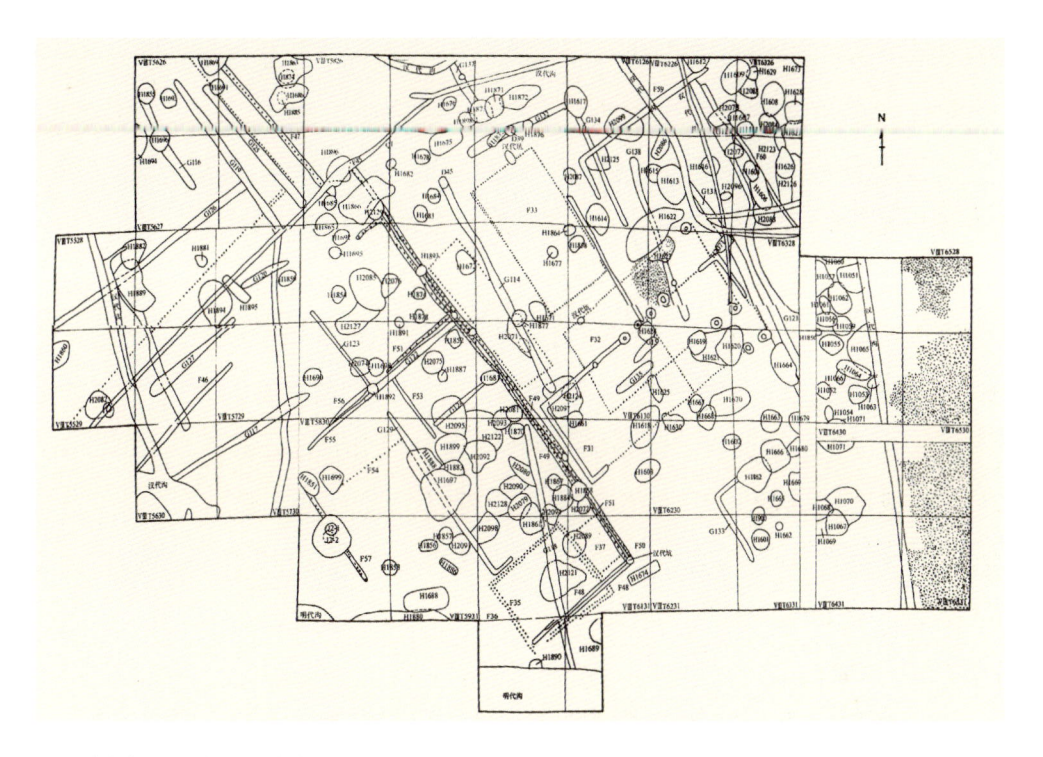

图 3　成都金沙芙蓉苑南地点遗迹分布图

沙兰苑发现的 17 座建筑基址,"方向基本呈西北—东南向"。[1] 金沙芙蓉苑南地点发掘到 7 座房址,不是西南向就是西北向,个别为东南向,没有一座是正方向（图 3）。[2] 又如金沙蜀风花园发现的 15 座墓葬,有 6 座是西北向,9 座为东南向。[3] 金沙就是这样,施行的是一种斜向的方位系统。

这还让我们想起成都早年的一项发现,那是属于金沙时期的羊子山土台遗址（图 4）。1953 年发现、1956 年发掘的成都市羊子山

---

1. 成都市文物考古研究所：《成都金沙遗址"兰苑"地点发掘简报》,《2001 成都考古发现》,科学出版社,2003 年。
2. 成都市文物考古研究所：《金沙村遗址芙蓉苑南地点发掘简报》,《成都考古发现（2003）》,科学出版社,2005 年。
3. 成都市文物考古研究所：《金沙遗址蜀风花园城二期地点试掘简报》,《2001 成都考古发现》,科学出版社,2003 年。

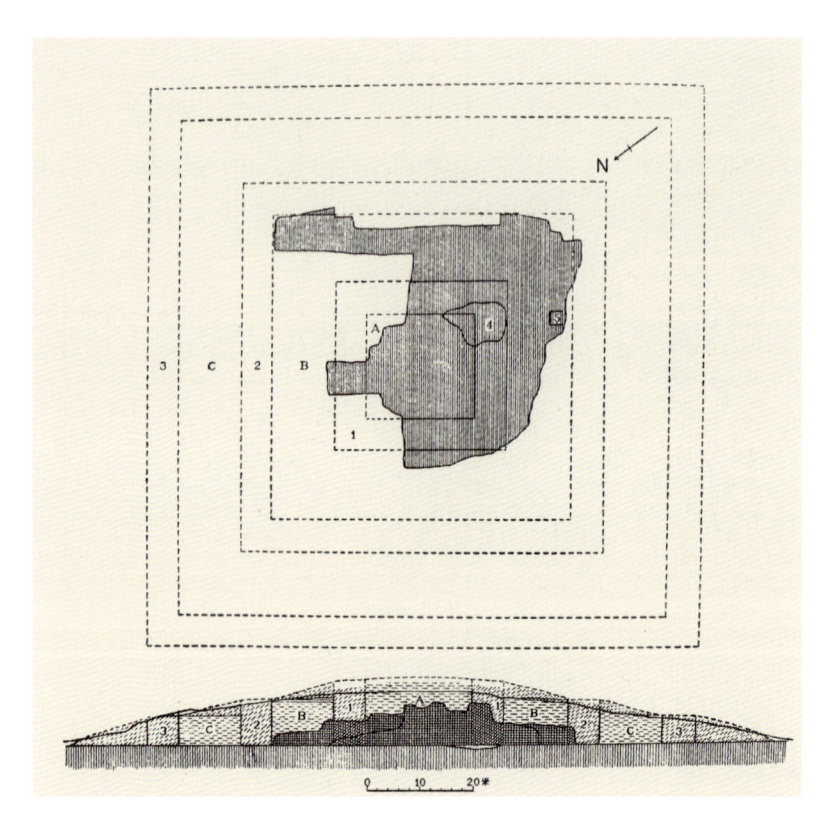

图 4　成都羊子山土台遗迹示意图

土台遗址，是一座人工修筑的高大的三层土台，这是经科学发掘的少见的大型夯土台建筑。学者们普遍认为它是古代用于盟会和祭祀的礼仪性建筑，是一处四边形高台建筑。它的方位同金沙遗址房址和墓葬一样，中轴方向为45°，也是四角朝着东南西北四个方向，[1]这一定不是偶然的巧合。

古蜀时期的三星堆城，城垣轮廓并不是我们想象中的正南北方向，而是东北—西南走向。[2]其中月亮湾内城墙中段有拐折，夹角为

---

1. 四川省文物管理委员会：《成都羊子山土台遗址清理报告》，《考古学报》1957年4期；李复华：《关于羊子山土台遗址和几件出土文物的历史价值问题》，《四川文物》2010年1期。
2. 四川省文物管理委员会、四川省博物馆、广汉市文化馆：《广汉三星堆遗址》，《考古学报》1987年2期；陈德安：《三星堆遗址》，《四川文物》1991年1期。

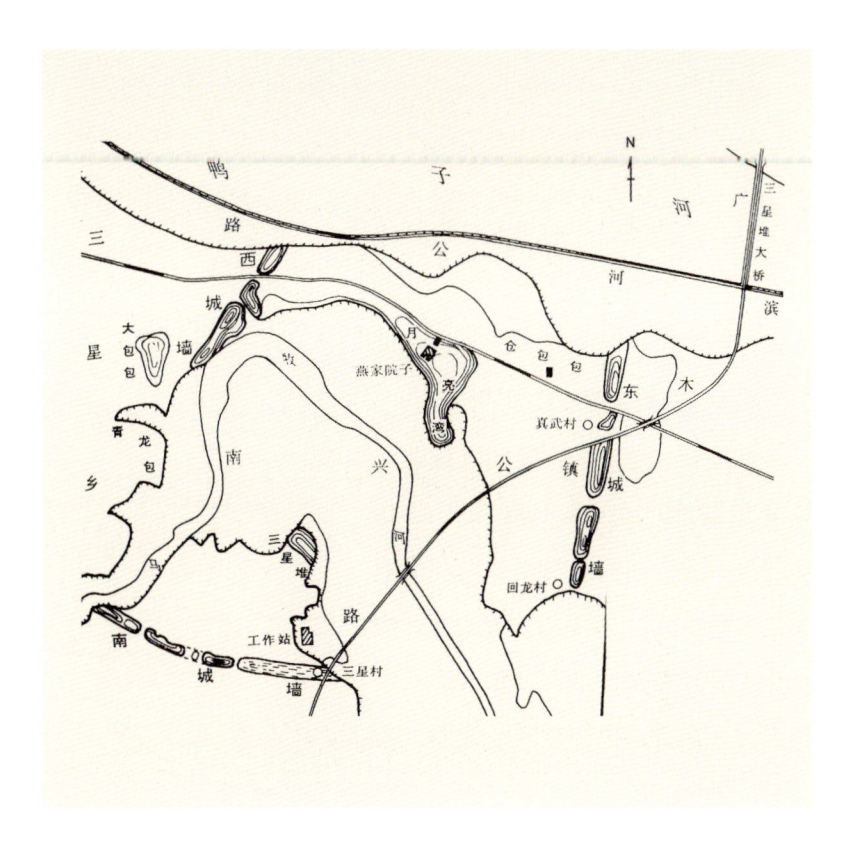

图 5　广汉三星堆城址示意图

148°，北端为 32°，只是南端接近正南北走向。而西城墙呈明确的东北—西南走向，方向为 40°。曾被认作祭台的三星堆后来也确定是一段残城墙，城墙长度为 260 米，基础宽度为 42 米，南侧有宽 30 多米的壕沟。三星堆原本是一条内城墙，呈西北—东南走向，方向约为北偏西 35°，中轴方向为 55°。这一段城墙的方向或许代表一个时期三星堆城的建筑选向，后来城墙应当经历过多次修缮，所以平面轮廓显得不很规则了（图 5）。

三星堆城墙附近发现的两个器物坑，更是以 45° 角斜向排列，按发掘者的描述是器物坑的四角正好朝着东南西北四个不同的方向。[1] 1、2号坑位于三星堆城墙东南50余米，两坑相距25米。两坑平面布局一致，均为东北—西南走向，与附近城墙方向大体一致（图6）。

此外在三星堆城内陆续发掘到一些建筑基址，1980至1981年揭露18座房址，多为西南或东南朝向，也不见正方向建筑。[2] 青关山发现大型红烧土房屋基址一座，平面呈长方形，也是西北—东南走向，与城址方向一致（图7）。

由金沙和三星堆的发现看，我们可以确认古蜀存在一种特别的方位系统，它的特点大体是建筑的四角指向四方，完全不同于四面与四方平行的方位系统。根据年代更早的考古资料判断，我们还可能确定这个方位系统具有更古老的传统。再将我们的视野移到史前时代，看看成都平原发现的新石器时代

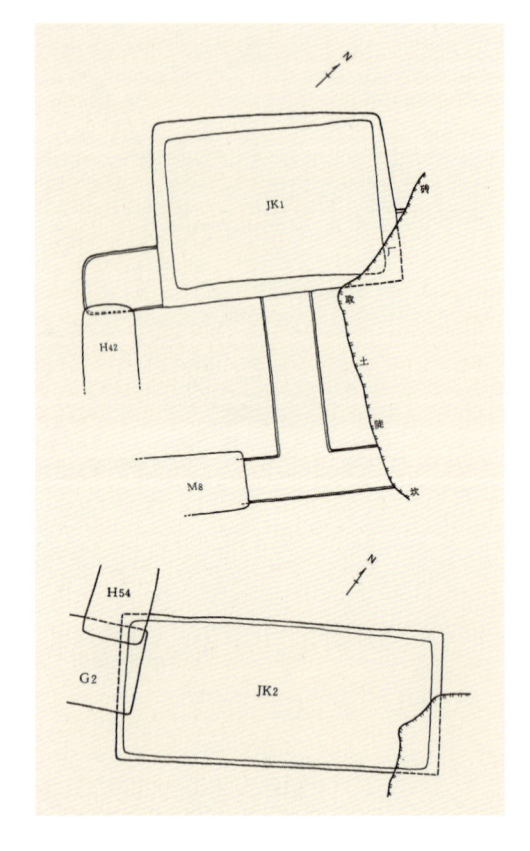

图6　三星堆1、2号坑分布图

---

1. 四川省文物考古研究所：《三星堆祭祀坑》，文物出版社，1998年。
2. 四川省文物管理委员会等：《广汉三星堆遗址》，《考古学报》1987年2期。

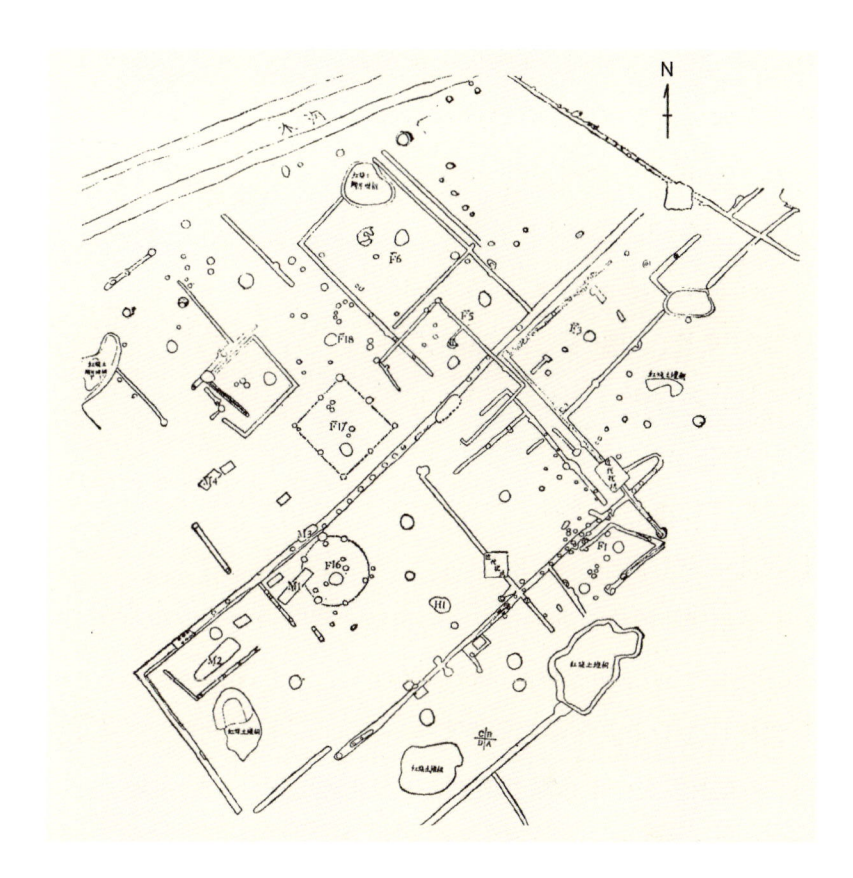

图 7　三星堆城内遗迹分布图

几座古城址的方向。新津宝墩、[1] 郫县古城村、[2] 温江鱼凫村 [3] 这几座比较重要的古城，也都是呈东北—西南方向布列。宝墩新近发现外城遗迹，内城墙以外四个方向都确认有城墙或壕沟，城址平面形状大

---

1. 中日联合考古调查队：《四川新津宝墩遗址 1996 年发掘简报》，《考古》1998 年 1 期。
2. 成都市文物考古工作队等：《四川省郫县古城遗址调查与试掘》，《文物》1999 年 1 期。
3. 成都市文物考古工作队等：《四川省温江县鱼凫村遗址调查与试掘》，《文物》1998 年 12 期。

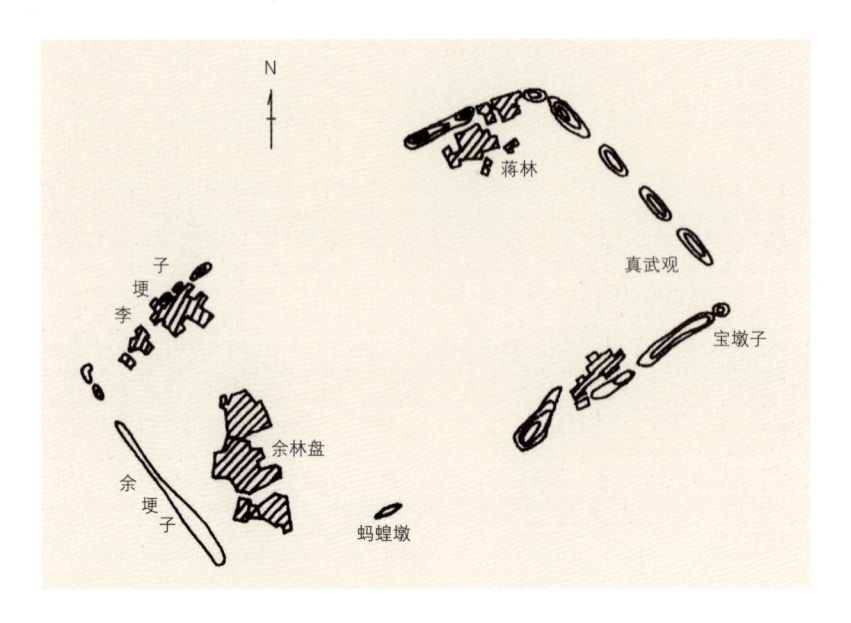

图8　新津宝墩城址分布图

致呈不规整的圆角长方形，方向与内城一致，约为北偏东45°，四角朝向东南西北四个方向（图8）。[1] 郫县古城考古报告说城址方向为120°，这是指的北垣走向而不是中轴方向，据附图量出中轴方向为北偏东40°，与宝墩城方向接近（图9）。郫县古城村遗址发掘几座房址，还有一些方形大砾石坑，方向也都与古城一致。城址中部发现一座长方形大型建筑，方向也是坐东北朝西南，房址内留存有5个长方形卵石台，可能为一座大型宫殿或宗庙一类的礼制性建筑。

　　史前墓葬在成都平原少有发现，在成都市南郊十街坊遗址清理宝墩文化时期墓葬19座，除一座为东西向外，均为西北—东南方向，头向西北，排列有序。[2] 这表明史前墓葬方向的选择，与城址和居址的方向相关。史前末期的墓葬在广汉三星堆遗址西城墙以西500余

1. 江章华、何锟宇、姜铭：《成都新津宝墩遗址发现外城城墙》，《中国文物报》2010年2月26日。
2. 成都市文物考古研究所：《成都市南郊十街坊遗址发掘纪要》，《成都考古发现（1999）》，科学出版社，2001年。

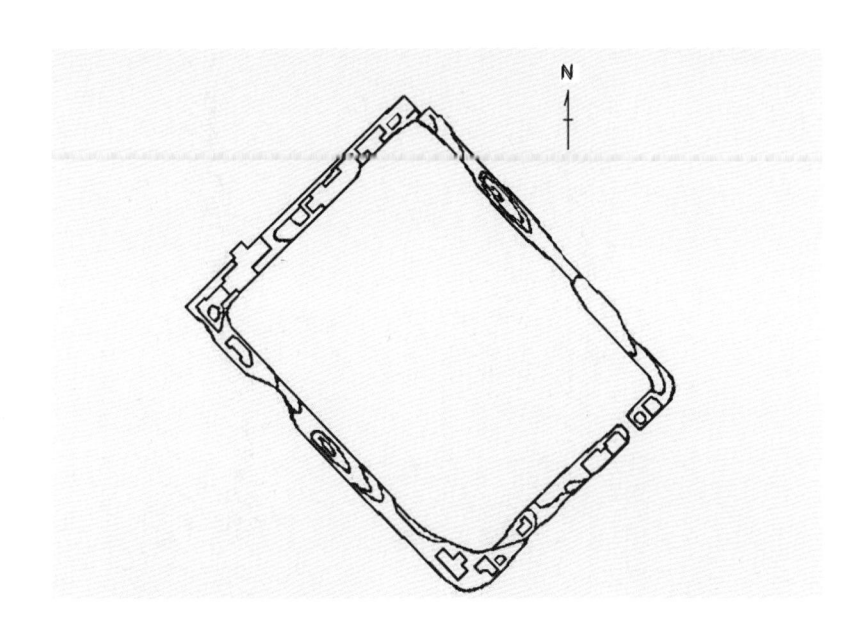

图9　郫县古城城址方向

米处的仁胜村也有发现，发掘到小型土坑墓29座，分布密集，排列有序，出土有玉器、石器、陶器和象牙等随葬品。墓葬除M5大致接近正南北向外，其余均为东北—西南向。[1]

这样看来，古蜀城垣建筑的方位系统在蜀地应当是形成于史前时代。金沙因为没有发现确定的城垣，我们还不知当时设计的方向如何。但是金沙附近发现了一些古蜀宫殿和居民基址，它们的方向也都是西北—东南向，推测与城垣是同一方向，可以推论金沙城的四角也应当是朝向四方的方向。

另外，由成都城内商业街发现的时代稍晚一点的战国大型船棺葬看，也是确定的东北—西南朝向，依然属于古蜀的传统方位系统。那是一座二三十具大小不同的船棺同埋一穴的大型墓葬，墓穴面积

---

1. 四川省文物考古研究所三星堆工作站：《四川广汉市三星堆遗址仁胜村土坑墓》，《考古》2004年10期。

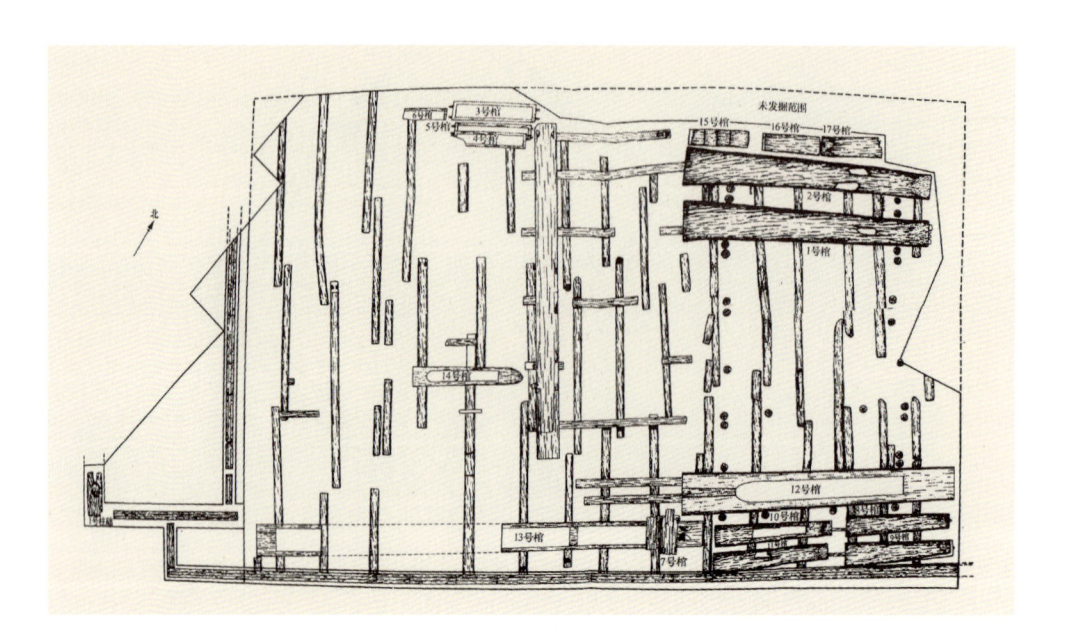

图10 成都商业街战国大型船棺葬分布图

达620平方米，呈东北—西南方向排列，方向为240°，即是西偏南30°或者北偏东60°。[1]可见到了战国时期，蜀国自古传承的方位系统并没有明显改变（图10）。

我们用上述例证对古蜀方位系统作一个概括：古蜀方位选择的中轴方向一般是45°，偏离一般允许在5°之内，即40°至50°之间。个别较晚的例子没有控制在这个限度，如商业街船棺方向偏离在10°以内。如果变换一个角度观察，古蜀这个方位系统其实是更强调建筑"角"的朝向的，这个角古称"维"（详后文），四维朝向四方，而非四面朝向四方（表1）。

---

1. 成都市文物考古研究所：《成都商业街船棺葬》，文物出版社，2009年。

表 1　成都史前与古蜀城址、建筑与建筑方位

时代	城址	中轴方向	北维方向	备注
宝墩文化	宝墩城址	45°	0°	
	鱼凫城城址	西北—东南	~0°	
	郫县古城址与房址	40°	355°	
	成都十街坊墓葬	西北—东南		
	广汉仁胜村墓葬	西北—东南		一座墓为南北向
古蜀文化	三星堆中部城墙	55°	10°	
	三星堆1、2号器物坑	45°	0°	
	成都羊子山土台	45°	0°	
	金沙墓葬		~0°	西北—东南
	羊子山土台遗迹	45°	0°	
	商业街船棺葬	60°	15°	

注：中轴方向指建筑体的轴心方向，北维方向指建筑体北角的方向，数据均以正北向为 0° 起点。

　　古蜀时代的这一方位系统，与中原主体方位系统明显不同。已经有研究者注意到，中原夏时期的二里头遗址虽然没有发现城墙基址，但宫殿基址一般是南向略偏东几度。中原地区商代早期，考古所见郑州商城、偃师商城（图 11）和盘龙城等处的城址和城内主要建筑方向一致，基本都是南偏西几度。这种偏东或偏西的现象，一时间还被作为区别夏商文化的一个标志。[1] 商代中期的安阳洹北商城，方向为 13°，朝北略为偏东。洹北商城内发现的 1、2 号大型宫殿基址，方向均为 13°，与城址方向一致（图 12）。[2] 中原地区商代晚期主体

---

1. 中国社会科学院考古研究所：《中国考古学·夏商卷》，中国社会科学出版社，2003 年，第 237 页；北京大学考古文博学院、河南省文物考古研究所：《登封王城岗考古发现与研究（2002—2005）》（下），大象出版社，2007 年。
2. 中国社会科学院考古研究所安阳队：《河南安阳市洹北商城的勘察与试掘》，《考古》2003 年 5 期；《河南安阳市洹北商城宫殿区 1 号基址发掘简报》，《考古》2010 年 1 期；唐际根、荆志淳、刘忠伏：《河南安阳市洹北商城遗址 2005~2007 年勘察简报》《考古》2010 年 1 期；唐际根、荆志淳、何毓灵：《洹北商城宫殿区一、二号夯土基址建筑复原研究》，《考古》2010 年 1 期。

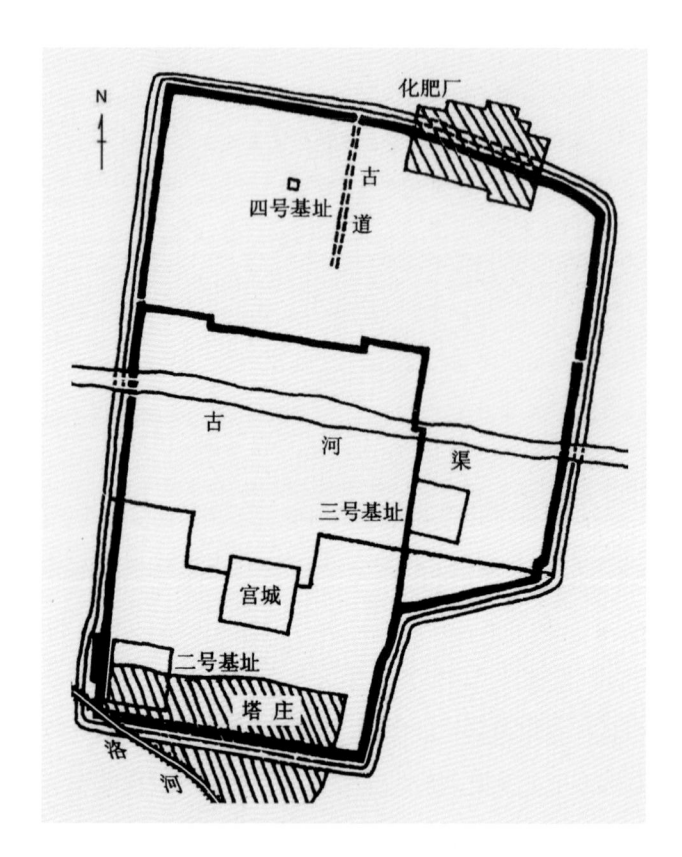

图 11　偃师商城示意图

建筑的方位，多是朝向正南或略偏西南，与城址方向保持一致。商晚期墓葬方向虽不完全一致，"但绝大多数取东北方位"，其实是向北略为偏东，也即是向南略为偏西，与宫殿建筑选取的方位吻合。[1] 商代中原区域从早到晚的城邑、宫殿与墓葬都维系固有的方位体系，一直没有明显改变。

往前追溯到史前时期，中原的方位系统从发现的城址看已经确立。龙山文化时期的河南登封王城岗大城址的方向，与其东北方并

---

1. 中国社会科学院考古研究所：《中国考古学·夏商卷》，中国社会科学出版社，2003 年，第 333 页。

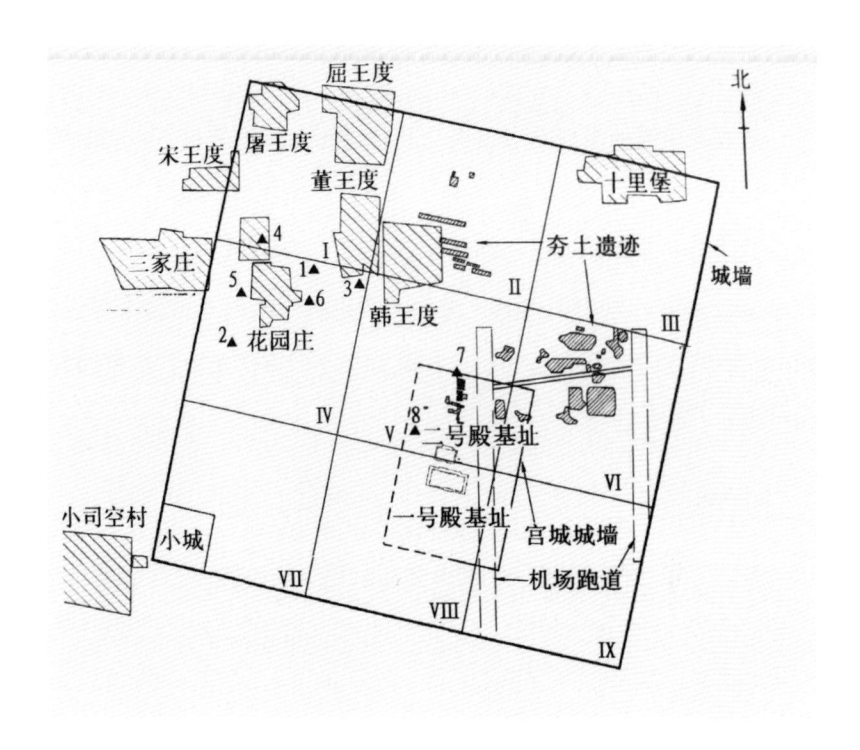

图 12　安阳洹北商城方位图

列两小城的方向近似，均约 355°，即北偏西 5°；[1] 还有淮阳平粮台龙山文化城址，平面图为正方形，方向为 6°，城中发现的两座房址 F1、F4 的方向也均为 6°，房址的方向与城址一致，为正北略偏东。河南新密古城寨龙山文化城址平面呈长方形，方向为 350°，即北偏西 10°。在古城寨城址的东南部，还发现了大面积的龙山时代夯筑建筑群，已清出一座大型宫殿基址和大型廊庑式建筑，方向与城墙一致。[2]

---

1. 北京大学考古文博学院、河南省文物考古研究所：《登封王城岗考古发现与研究（2002—2005）》，大象出版社，2007 年。
2. 蔡全法、马俊才、郭木森：《河南省新密市发现龙山时代重要城址》，《中原文物》2000 年 5 期。

四正与四维：从中国早期两大方位系统谈古蜀时代的方位及三星堆8个坑性质　　303

研究者所说的南偏东或偏西，其实是北偏西或偏东，一般偏离5°至10°。我们用上述例证对古代中原方位系统作一个概括：自龙山文化时期至夏商时期方位选择的中轴方向一般是45°，偏离一般允许在10°上下，即350°至10°之间。个别例子稍稍超出这个限度，如洹北商城方向偏离越过13°。这是一个正向方位系统，建筑四面朝向四方（表2）。

表2 中原商代及前商城址与建筑方位

时代	城址	中轴方向	北维方向	备注
龙山文化	陶寺城址	315°	0°	
	王城岗城址	355°	—	
	平粮台城址与房址	6°	—	
	新密古城寨城址	350°	—	
二里头	二里头宫殿址	350–355°		
商	东下冯城址	45°	0°	
商	偃师商城	7°	—	以西城墙为准
	洹北商城	13°	—	
	洹北商城1、2号宫殿址	13°	—	

不论是夏的南偏东或是商的南偏西，其实与正南北方向偏离并不是太大，我们仍然可以将它们合并在一起观察，归纳为同一个大方位系统，即正向方位系统，特点是建筑的四面与四方大体平行。而古蜀的方位系统是一种斜向方位系统，可称为第二方位系统，特点是建筑的四角分指四方。

四面八方，在现代这个成语的意义已是比较含糊，一般泛指各个方向。不过在古代它是确指的，四面包纳在八方之内。唐颜师古注《汉书·司马相如传》"是以六合之内，八方之外，浸浔衍溢"，说"四方四维谓之八方也"。所谓四方，实为四面，即东南西北，谓之四正，而四维则是四正之间的位置。所以《诗·小雅·节南山》有云"四方是维"，也是四个方向，但不是正方向。《淮南子·天文训》说，"日冬至，日出东南维，入西南维；至春秋分，日出东中，入西中；夏至，出东北维，入西北维，至则正南"。这里明确将"维"与太阳的运行联系到了一起，可见"维"在古代也是不可忽略的方位。《淮南子》又说"东北为报德之维也，西南为背阳之维，东南为常羊之维，西北为蹄通之维"，指出了四维的意义。似乎"四维"之说较早出自《管子》。《管子》非常重视礼义伦理在治国安民中的作用，在开篇《牧民》中提出了"四维"说，所谓"礼义廉耻，国之四维，四维不张，国乃灭亡"，这里所说的也是引申意义。

维又有边角之意，四维即四角，如《广雅》所说，"维，隅也"。用在方位概念上，正方向之间的方位便是"维"，是相差45°的斜向。

如果形象一点说，大体正方向的第一方位系统可以称为"统领四方"系统，第二方位系统可以称为"提挈纲维"系统。前者强调了建筑的面向，后者注重建筑的角向，方与维的区别相当明确。如果仍以传统的角度看待第二方位系统，那它的四面朝向的正是四维，完全不同于第一方位系统的四正传统。

二、正向、维向选择的决定因素：天文抑或地理？

在人类构造的建筑形式中，方形是成熟的形式。方形建筑出现时，方位设计成为一件非常重要的事。当然圆形建筑也会有方位选择的问题，只是不如方形建筑要求明确。一当方位选择得到认同，方位体系便形成了，这个传统一般不易发生改变。建房、建城、筑墓，都会以这认同的方位体系为依据，这样的体系可以代代相传。《周礼》开篇所说就是要辨别方位，所谓"惟王建国，辨方正位，体国经野"。

方位体系的形成原因，似乎非常简单明了。对于正向方位系统而言，选择的理由当然是非常明白的，依据并不复杂的天文知识，便可以比较准确地确定南北方向。以太阳定东西，以极星定南北。地球的自转运动，造成了太阳的东升西落，东西二向因之建立。又地球自转轴在空间指向恒定不变，这一指向投影到地面，构成南北二向。因此地球的自转及其与太阳发生的联系，是人类得以建立恒定水平四向的物理基础。[1] 由这个角度来说，四正方位的确定，与天文地理都有关系。

确定了四正，也就确定了四维。为何古蜀不采用正南北方向而选定一个斜向的方位系统？当初又是依据什么确定这样的方位系统的呢？

同在太阳下，却作出了不同的方位选择，那就得在大地上找原

---

1. 关增建：《中国古代的空间观念》，《大自然探索》1996 年 4 期。

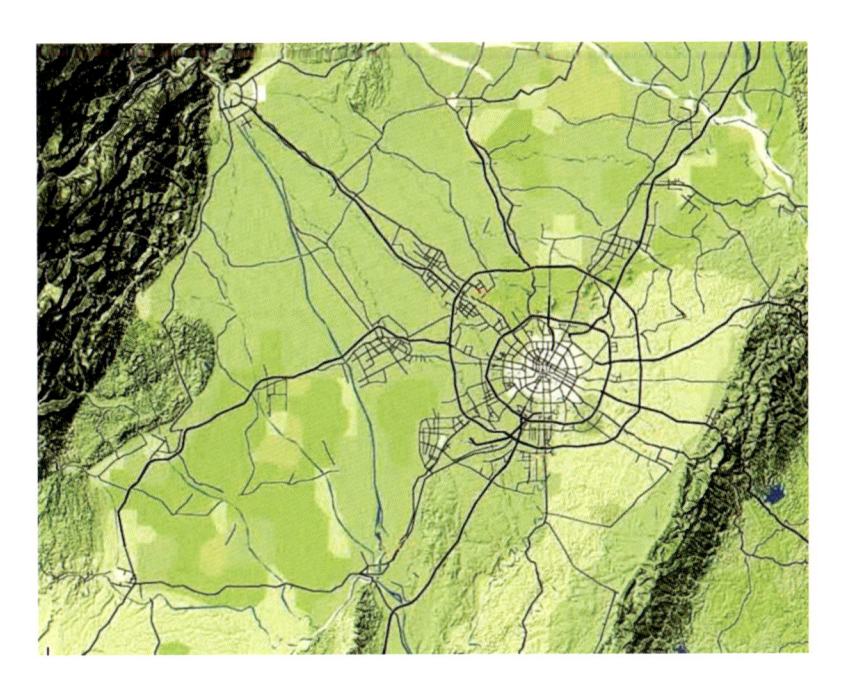

图 13　成都附近的山势

因了。我们将目光放大到成都平原以外，会看到西北方向有龙门山，西南方向有龙泉山，两山脉一大一小，却大体平行，都是东北—西南走向，今天的成都城正处在这两座龙山之间（图 13）。答案已经非常明确了，成都平原上的古城与现代成都城的位置，是夹在二座龙山之间，建城设计的方位取向，应当是顺山势而定，是依地理定势为原则，似乎并不与天文相干。我们换个角度来看，如果城址呈正南北方向布列，可能还会给人一种不谐和的感觉。近来有人指出，通过古成都的中轴线，正处在天府的地脉中轴上，这个中轴与两座龙山平行。其实这并不是今人才有的认识，古蜀人早就有了这种方位感了。

这个大中轴的方向正是西北—东南走向，居然大约为 45°！ 当

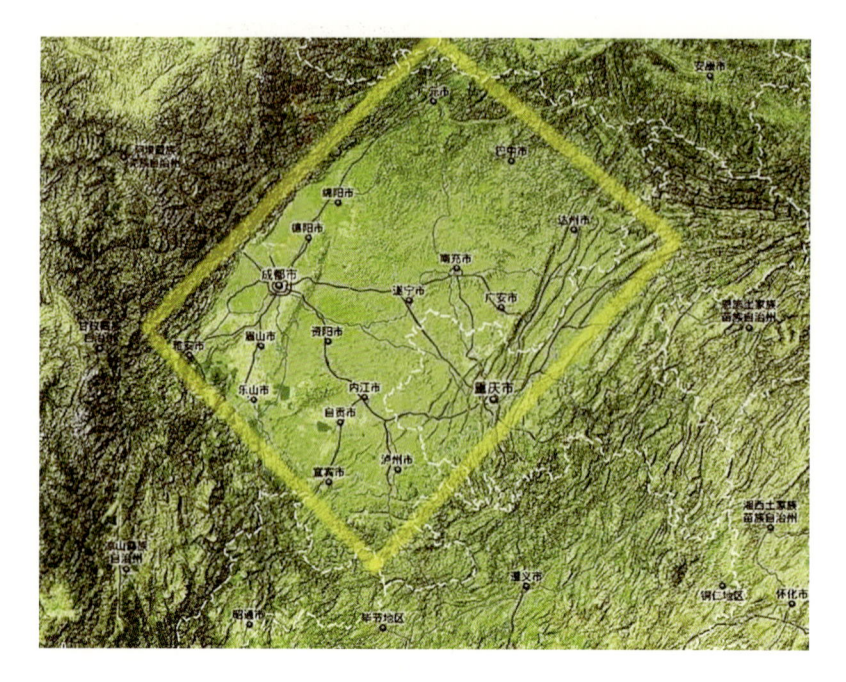

图 14　四川盆地影像

然我们也可以由从龙门山流出的河流看一看，大部分的河流的流向，大体是与山势相垂直，也就是说河流是由西北往东南流。这样，我们又可以说古蜀人建立的方位系统与河流也有关系。我们还可以设想，如果有一天找到了金沙古城垣，不用说它一定是按照东北—西南方位设计的，这是古蜀国的方位系统。身居平畴的古蜀人的方向感，来自离他们不远的大山与江河，并不是过于遥远的星空。再说点多余的话，从卫星影像上看，整个四川盆地并非是圆形，它特别像是一座方城，以广元、达州、泸州和雅安分别为北、东、南、西四维，大约也是呈 45° 角倾斜（图 14）。古蜀方位体系就产生在这样的地理态势中，天、人、地合一，充分体现了古蜀文明的发展高度。

其实选择第二方位系统的并不只限于古蜀人，与古蜀故地距离很远的东部沿海地区,就发现有第二方位系统的实例。而且具有中原文化血统的古遗存中,也发现有采用第二方位系统的实例。根据不完全检索,除古蜀以外,在中原及周边地区发现少量与主体方位系统不同的属于第二方位系统的例证。其中最重要的便是山西襄汾陶寺遗址的发现,其他还有山西夏县的东下冯城址、山东阳谷的景阳冈城址和江苏连云港的藤花落城址等(表3)。

表3 晋南龙山及商代城址方位

时代	城址	中轴方向	北维方向	备注
龙山文化	陶寺城址	315°	0°	有资料说为312°
商	东下冯城址	45°	0°	

陶寺城址主体堆积属龙山文化时期,城址、建筑基址和墓葬的方位一致,属于非正向的第二方位系统。[1]遗址位于山西襄汾城东北汾河东岸、塔儿山(崇山)西麓,已发现城址的北、东、南三面城墙基址,城址方向为315°(一说312°),北偏西45°。城址东北部为早期小城,方向也是315°。西区探出大型夯土建筑基址多座,门道朝向东南。此外还有大型宫殿址,报道方向为正东南225°。与大城方向偏离90°,应当是偏殿,不是正殿(图15)。陶寺城址东南发现大型墓地,1000余座墓则绝大多数头向东南或南偏东,也与城址方向一致。

---

1. 中国社会科学院考古研究所山西工作队等:《山西襄汾县陶寺城址祭祀区大型建筑基址2003年发掘简报》,《考古》2004年7期;《山西襄汾县陶寺城址发现陶寺文化大型建筑基址》,《考古》2004年2期;解希恭主编:《襄汾陶寺遗址研究》,科学出版社,2007年。

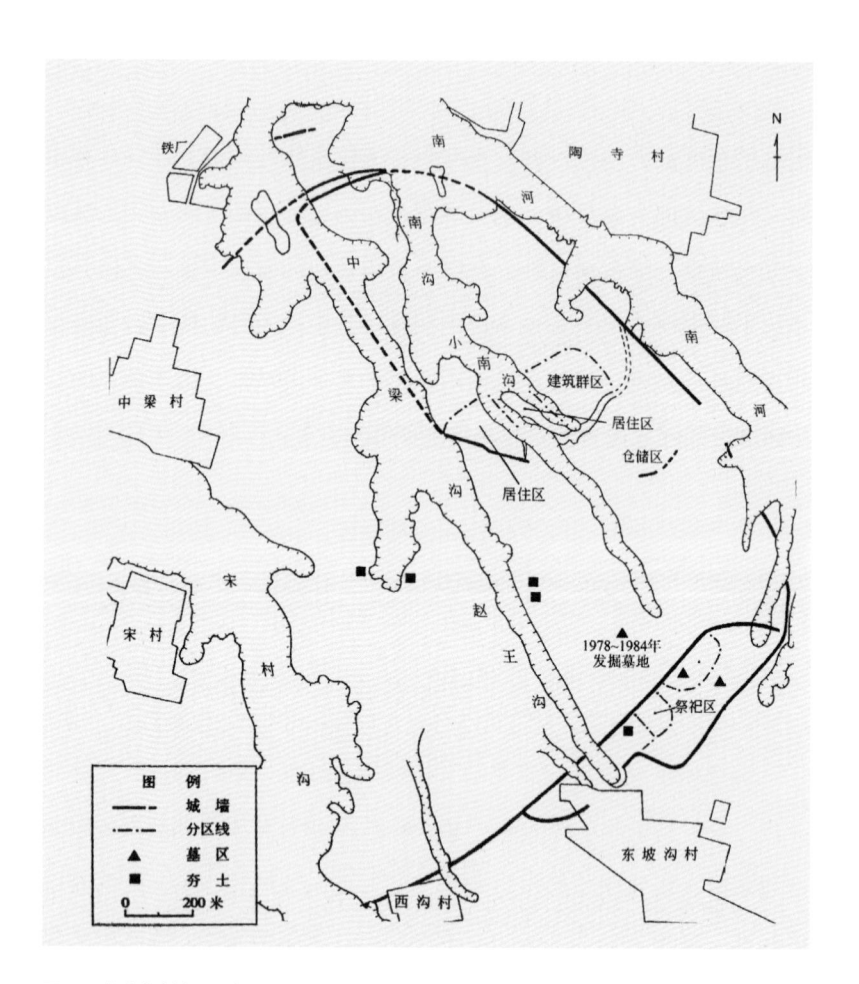

图 15　襄汾陶寺城址示意图

显然陶寺城址是朝向正东南方向的，四角向着四正方向，这也就是"维向"。从地理位置上看，城址东南是崇山（太行山），西北是吕梁山，两山平行夹峙的中间是汾河盆地，陶寺城正建造在这两山间的盆地上。需要特别指出的是，两山的走势是西北—东南向，差不多接近 45°，陶寺城的中轴恰与山势垂直，南北城墙与山势平行（图 16）。

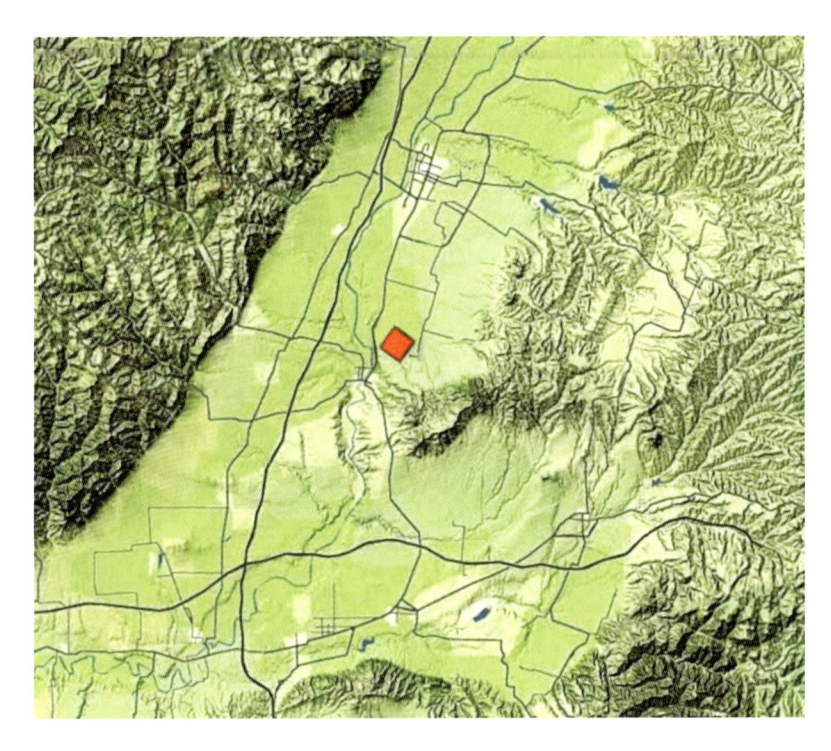

图16　陶寺城址附近山势

山西夏县东下冯遗址，主体堆积属夏文化年代范围，发现商代时期城址、建筑和墓葬等遗迹。城址平面形状不规则，已探明部分东城墙走向为45°，西城墙走向225°，城的中轴方向为45°，四角分别朝向四正，以四维对四正（图17）。在城西南角揭露一片建筑遗迹，最新的研究认定是一处储盐的仓房。仓房计有40至50座之多，纵横排列整齐，虽无明确的门道判明方向，但由它们的排列和内部构造分析，应当是以面向西南方向规划的，与城墙方向一致。那里的墓葬头向均为西北或东南向，与城址方向一致（图18）。[1]

---

1. 中国社会科学院考古研究所等：《夏县东下冯》，文物出版社，1988年。

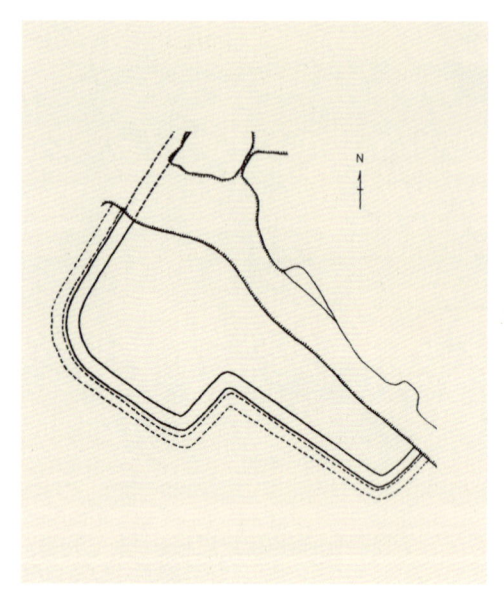

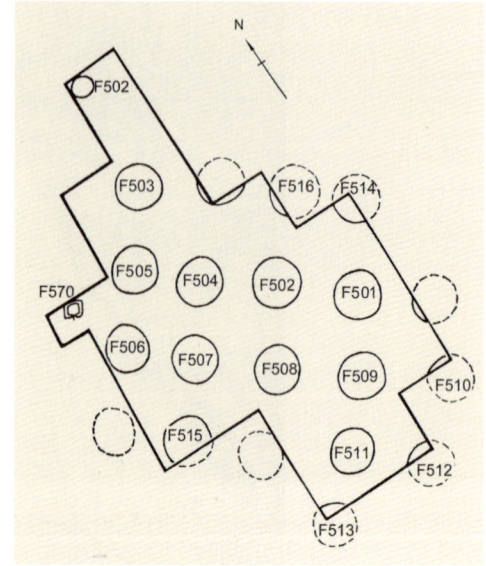

图 17　夏县东下冯城址方向分布图　　　　　　图 18　夏县东下冯建筑遗迹示意图

东下冯遗址同陶寺一样，也建在汾河盆地。它所在地点位置也很特殊，夹处东南的中条山和西北的峨嵋岭之间，两山均呈西北—东南走向。两山之间另有一鸣条岗，岗左右有涑水和青龙河，亦为相同的西北—东南走向，这应当就是东下冯城址、建筑和墓葬方向的决定因素。

再看东部区域龙山文化时期的山东阳谷景阳冈城址和江苏连云港藤花落城址。

景阳冈龙山文化城址平面略呈圆角长方形，为东北—西南向，方向43°。城址内发现大小台基2座，位于城址南部的大台基平面略呈长方形，方向也与城址一致（图19）。[1] 距离景阳冈不远的皇姑

---

1. 山东省文物考古研究所：《山东阳谷景阳冈龙山文化城址调查与发掘》，《考古》1997年5期。

312　　　　　　　　　　　　　　　　　　　　　三星堆：青铜铸成的神话

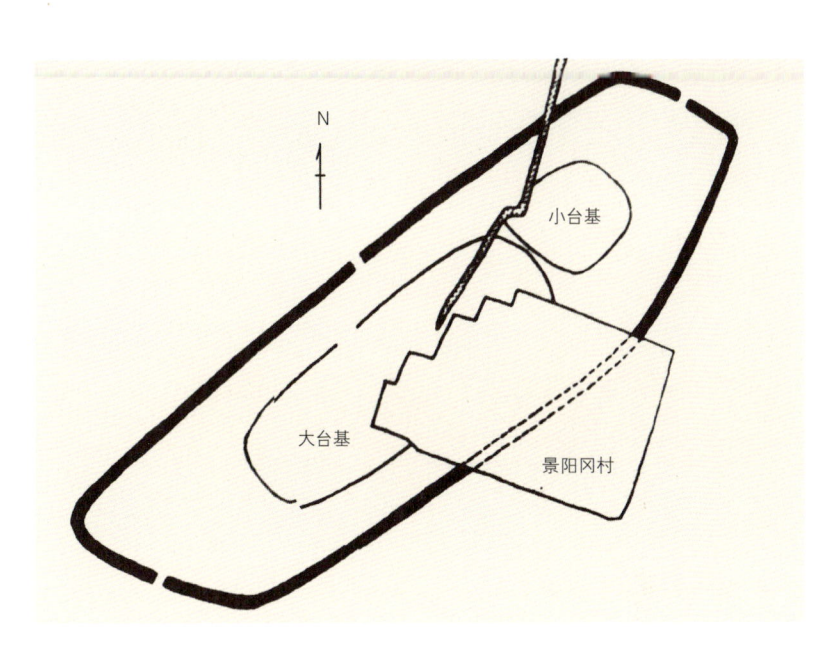

图 19　阳谷景阳冈城址示意图

冢新发现一座龙山文化城址，城址也是西南—东北走向，平面形状与景阳冈城址相似。[1]

景阳冈附近虽然没有高山大川，但远处东南方向还是有西北—东南走向的阳谷山岭的余脉，山与城方向大体吻合。

藤花落遗址位于连云港市国家级开发区中云乡诸朝村南部，处在南云台山和北云台山之间谷地上。藤花落古城由内外两道城垣组成，外城平面呈圆角长方形，由城墙、城壕、城门等组成，内城有城垣、道路、城门和哨所等。内外城方向一致，轴向约为 55°，大体是四角朝向四正方向。在内城中发现 30 多座房址，分长方形单间房、双间房、排房、回字形和圆形房等各种形状，门大多朝向西南，

---

1. 孙淮生等：《阳谷县皇姑冢龙山城址的初步勘探与相关问题的思考》，《蚩尤文化研究》2 期。

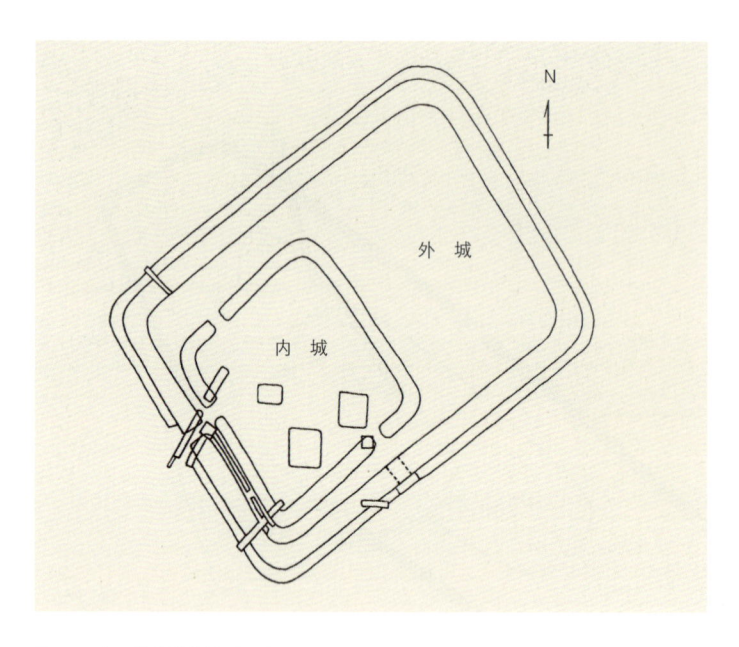

图 20　连云港藤花落城址示意图

与现代民居方向一致（图 20）。[1]

连云港南云台山和北云台山之间的谷地，顺两山山势呈西北—东南走向（图 21），与城址方向及城内建筑方向吻合（表 4）。

表 4　东部两处史前城址的方位

时代	城址	中轴方向	北维方向	备注
龙山文化	山东阳谷景阳冈城址	43°	358°	以西城墙为准
	江苏连云港藤花落城址	55°	10°	

以上这样的一些例证，都与古蜀方位系统具有相似的地理背景，这 45° 左右的方位倾角看似有些神秘，但都是由古城址附近山势决定的。只是目前还不能确定是因为有了固定的方位体系而选择合适的地点筑城，抑或是相反？也许两个动因都有。

---

1. 孙亮等：《江苏连云港藤花落遗址考古发掘纪要》，《东南文化》2001 年 1 期；林留根等：《藤花落遗址聚落考古取得重大收获》，《中国文物报》2000 年 6 月 15 日。

314　　　　　　　　　　　　　　　三星堆：青铜铸成的神话

图 21　连云港藤花落城址附近山势

还要提到的是，曾有人研究过湖北黄陂盘龙城商城的北偏东方位，以为当地风向顺河谷，其背后的澴水与滠水都是这个方向。这个方向可有效抵御北风的侵袭，多享受一些西晒的阳光，少进来一些早晨的雾气。澴水与滠水又都是断裂河谷，这个方位可有效地抵抗地震的破坏作用。郑州商城也用这个方位，郑州北偏东方向是冀中油田沉降带，这都说明商代大地构造学说有长足的发展。[1]

如果是这样，再回头看看成都平原上的古蜀方位，它正好平行于龙门山断裂带，是否与规避地震灾害有关呢？这一点似乎还不能遽下结论，我们还找不到更充足的论据。

正向、维向——第一、第二方位系统的选择，决定性的因素有同有异，光照与季风是优先考虑的因素，而地理态势也是一个关键

---

1. 张哲：《盘龙城在商代社会的功用地位》，blog.cnr.cn/viewthread-83997.html，2010 年 4 月 29 日。

因素。对于倾斜的第二方位系统来说，地理应当是决定性因素，山势的走向往往就决定着方位的选择。当然山势也是决定风向的重要因素，风向也应当是方位选择的一个出发点。

三、古代方位系统的传承

　　作为个体的人，都需要有基本的方向感，这是行为的制导。组成一个社会的人类认识到确定自己在空间上的位置，是精神和物质上的双重需要。正是有这样的需要作动力，促进了人们对宇宙对大地的认识。确定并认同了这个空间位置，也就确立和认同了一个方位系统。一个完善方位系统的建立，应当可以看作是某个文明发达的一个象征，因为很多土著民族中原本是没有四方概念的，或者仅有东与西、前与后的方位词汇而已。有的四方概念或者是由其他民族中借用来的，他们的文明处在一种不发达的状态。

　　世界各地古今的方位系统，一般可以归纳在两个大的系统之内，即面东和面南两大系统，大体是西部世界如中亚远古居民面东，东部世界如亚洲腹地面南，在接合部则两种系统兼有。[1]不论是面东面南，都是在四方概念基础上的应用，本质上并没有什么不同。在中国古代，面南是一个重要的传统，这个传统的确立，应当符合科学道理。有人会说面南背北的由来其实很朴实，是为着采光和通风的

---

1. 维舟：《面南背北：中国文明的方向系统》，weizhoushiwang.blogbus.com，2009年8月9日。

需要。中原地区及邻近大部地区太阳是东升西落，大多数地区的风向是春夏东南风、秋冬西北风，所以南向既可以有充足的光照度，又可以避免直射的西晒，春夏有足够的风通堂入室消暑散潮，秋冬又能挡住寒冷的西北风以护温保暖。

即使是先秦存在的南向系统，仍然可能来自农耕定居在生产生活上对东亚大陆的季风气候的适应。学者们研究中国城市形态变迁史，以为先秦城市选址以君王居室之宫殿和祭祀祖先之宗庙的宫庙建筑为城市的主体，由于受大陆性季风气候的制约，宫庙主体建筑采取南北方向定位。[1] 中原这样的传统，应当有了近5000年的历史。于是就有了汉乐府《陌上桑》"日出东南隅，照我秦氏楼"，以及李白的"日出东方隈，似从地底来"这样的歌唱。

当然，先秦时代所谓的南向，并不是严格的正南方向，我们在所有发现的城址中很难见到正南方向。比较而言，以南略偏西者为多，基本应当是商代的传统。南略偏西即是北略偏东，所以过去有学者研究说商人尊东北方位，注意到商代的城址、大型夯土建筑等重要遗迹的方向是北偏东。由此推定因商族起源于东北的古渤海湾一带，所以商代都城规划中重东北方位的经营，如郑州商城、偃师商城和洹北商城等莫不如此。[2] 不过商代的这个方位传统为后来的城邑规制所继承，应当与商人原有的观念有了不同，或者只是依成例行事而已。严格的正南北向（磁北）的城邑出现于汉代，汉长安城

---

1. 李孝聪：《古地图和中国城市形态变迁史》，香港城市大学中国文化中心编：《历史地理——中国文化中心讲座系列》，香港城市大学出版社，2002年。
2. 杨锡璋：《殷人尊东北方位》，《庆祝苏秉琦考古55年论文集》，文物出版社，1989年；朱彦民：《殷人尊东北方位说补证》，《中原文物》2003年6期。

的建制即是如此，从那以后就再也见不到商代方位传统的影子了。

　　古代方位系统的传承，还有甚于商代这样的例子。如古蜀特别的方位系统，并没有因为古蜀的消亡而消亡，我们看一看今日的成都街区道路系统图，依然还能看到明显的古蜀方位系统的影响。成都的中轴线是斜行的，走向是由东北向西南，接近45°。经历了数千年的传承，古蜀时代的方位系统仍然存在。成都的建城至迟始于古蜀金沙时期，最初一定就是采用的"维向"方位系统，形成偏斜的中轴。这条偏斜的中轴以及后来沿这条轴线建筑的秦大城、唐罗城中发展出的方格路网结构，一直沿袭到了明代初年。当朱元璋之子朱椿封为蜀王，在城中心修建蜀王府，蜀王府按正南北中轴线布局，形成类似紫禁城的东西对称的庞大建筑群，旧址正在当今天府广场北端和展览馆一带。[1] 虽然现在看到的中心广场是正南北向的布局，但那明显是明代城市改造的结果，是参考了中原古老的主体方位系统。两个方位系统在一个平面上得到了体现，尽管不那么谐和，却也让我们看到了两个传统的交汇（图22）。

　　我们再看晋南古代方位体系传承的例证。4000多年前的陶寺城，3000多年前的东下冯商城，都是采用的"维向"方位系统。有意思的是，到了战国时期，位于夏县的魏都安邑城，仍是以约45°的方向建城。[2]

　　前已述及，连云港藤花落古城址内的现代民居，依然保留着4000年前古城时代的方位系统，房门还是朝向西南。我们可以相信，

---

1. 四川省文史馆：《成都城坊古迹考》，四川人民出版社，1987年；《明史·李文中列传》。
2. 中国科学院考古研究所山西工作队：《山西夏县禹王城调查》，《考古》1963年9期。

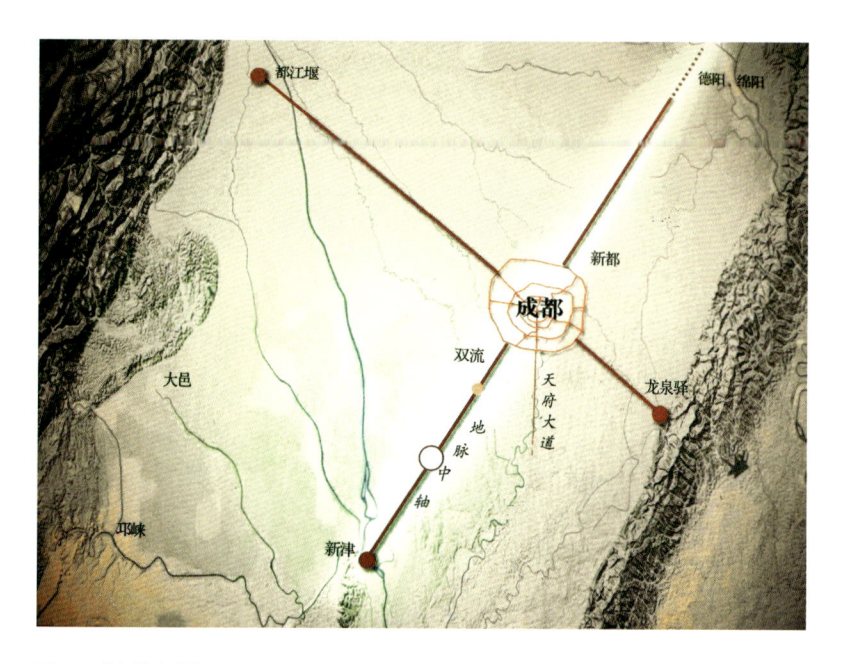

图 22　成都城中轴线

这也是承自史前的传统。

以上是第二方位系统传承的例证，至于第一方位系统的传承，是一种主流传承，这里就不赘述了。方位体系是一种非常典型的文化印记，它传承的动力是非常强大的，不易变改。

最后还要说明的是，中国古代在两大方位系统之外，也还有其他一些特别的方位个例，因为没有普遍意义，所以不必太过去关注它。

四、从方位看三星堆8个坑的性质

宝墩文化属成都平原新石器时代的文化，发现了10多个古城，有三星堆古城、金沙遗址，还有8座祭祀坑朝着同一个方向，记住这一点。必须记住这一点，我们才有一个基本的判断。

我们现在可以做出这样一个判断，祭祀坑并非是慌张中的埋藏，它是符合传统的，它是遵从文化习惯的。整个祭祀区可以理解为祭坛，它就是古蜀人营造的神界，也就是他们信仰的一种体现。怎么这么说？

因为祭祀坑发现以后，有一部分学者得到一个结论：坑和祭祀无关，应该是王朝覆灭以后，后来战胜者把他们的宗庙祭器毁坏，然后埋藏起来。如果是这样的话，你说会很慎重的，一个一个坑的方向，一丝不苟地定位来把它挖好，然后埋起来，好像是不可能的。

所以我说它可能是一个祭坛，一个很慎重的，经过祭祀程序以后，埋藏起来的祭器。而且我们发现的这些器物，绝大部分应该和礼仪、祭礼相关，而很少见到生活或者说世俗的用品埋在这儿。

通过大量考古资料的统计，我们知道在古蜀文化中存在一个特别的方位体系，城邑、居址、墓葬乃至祭祀场所，都统纳在这个方位系统中。这是一个斜向方位系统，不同于中原主体正向方位系统。由考古发现的资料可以论定，中国古代存在两个方位系统，一是以方、面（中轴）定向，二是以维、隅（对角）定向，分别为第一和第二方位系统。以三代时期而论，中原地区主体属第一方位系统，而古蜀区域属第二方位系统。两大方位系统的形成，分别与天文和地理相关，其深层原因需要进一步探讨。两个大方位系统的传承与变改也有脉络可寻，这对于研究不同文化间的互动关系，也是一个很好的切入点。

附录

答问三星堆[1]

三星堆考古重启发掘，是中国考古史上划时代的事件。

主持人： 从三星堆到长江中下游、中原地区，再到西北，从文物的相似，可以看出文化的相通，怎么理解？能够说三星堆和二里头、殷墟以及长江流域的文明存在某种程度的联系吗？

王仁湘： 强势文化是具有吸引力的，如果一种文化表现强势，表现优势，就如同在高地上的水泉，它会向低地奔涌。

三星堆古蜀文明和二里头、殷墟以及长江流域的文明存在非常明确的联系，正是因为相关文化强势影响的结果。

三星堆陶器、铜器和玉器与周边文化表现出的相同和相似，

---

1. 本文根据2021年3月22日央视"新闻直播间"进行的第四场"三星堆新发现特别节目"直播内容扩展而成。

体现了古蜀文化的包容性。那些具有礼器性质的器物，还表明蜀文明吸纳夏商信仰文化的主动态度。

不过有一点要特别注意的是，中原文化因素在蜀文化中的播散慢半拍，或者说它存在的时间明显后延。如玉璧、玉琮、玉璋这些意义特别的礼玉，是中原信仰传统的典型礼玉，当中原地区的执着消退时，蜀地却热情高涨。

我以为中原消失的传统，有些是可以在周边区域寻找到的，正所谓礼失求诸野吧。

主持人：湖北盘龙城、江西新干大洋洲的青铜器技术目前可以确定来自中原商文化，有专家说这是资源和技术的交换，三星堆是否和外界也存在这种交换？

王仁湘：资源和技术交换这个说法，在研究上很有意义，但我觉得这还只停留在假说层面上。技术作为一种知识体系，它是可以在传播中进行交流的。而资源不同，它的交换更多的形式可能是以物易物，或者是掠夺，掠夺带来的是战争。

三星堆蜀人消耗了大量的铜资源，大量的资源在蜀地南境以外获得，我相信在这过程中有过掠夺，有过战争，当然也不排除正常的贸易。

还可以进一步思考的是，那些商周产铜即铜矿所在的区域，自身并无足够的需求，却有规模性产出，这样的采矿与冶炼生产应当有明确的贸易目标，这体现了产业互补互惠。不同文化间的交流，也就顺理成章了。

不同区域的产业合作，在三星堆的时代也一定出现了。

主持人： 精神文化的传播，是不是显得更有意义？

王仁湘：思想精神的交流，在不同考古学文化中具有非常重要的意义。通过交流逐渐出现文化认同，特别是信仰的认同，实际上奠定了一统的潜在基础。

中国史前文化区域间的交流，8000年前就开始尝试，开始了信仰认同的文化汇流，山高水远都不是阻隔。到了四五千年前，信仰认同达到高潮，一统的进程加快了步伐。

主持人： 大家都对在三星堆发现文字非常期待，为什么这么期待文字？

王仁湘：我也一样期待，或者更期待，因为我猜想古蜀一定有文字，但至今像三星堆这样大规模的发掘并没有发现，或是我们还没有辨认出来。我更愿意相信，我们还没有见到三星堆人书写的载体，他们不流行在青铜上铸刻文字。

汉代人扬雄说古蜀国没有文字，甚至不知礼乐。在金沙和三星堆的文物上，都还没有发现文字证据。要知道在中原地区的这个时候，不仅有甲骨文，还有大量铸造在青铜器上的铭文。

如果蜀没有自己创造出文字，他们由商引进现成的文字，应当不会太难。我甚至想到引进文字的事一定发生了。我们在巴蜀兵器上看到了多例战国文字证据，我相信更早年代的证据一定会出土。

主持人： 有人认为巴蜀图语就是早期的文字，您认为巴蜀图语跟文字有关系吗？

王仁湘： 有一些学者认定古蜀可能有文字，他们由战国前后那里流传的一种"巴蜀符号"，论定它们具有文字意义。当然也有学者认为这种符号究竟是不是文字，目前还没有定论。

巴蜀图语的叫法，可改称为巴蜀符号。巴蜀符号已经发现很多，但符号不是文字，更具有族的 Logo 意义，也就是族徽。我自己做过符号统计分类与组合研究，认为以族徽定性巴蜀符号是目前最接近正解的解读。

主持人： 三星堆考古发掘目前正在持续进行，此次三星堆的新发现意味着什么？您起初有什么期待？现在又是怎样的心情？

王仁湘： 从发掘到1、2号祭祀坑的那一次前后开始，我到过三星堆无数次，有时一年会去几次。我也做过一些个案研究，所以我对这次重启发掘特别期待。这次筹备直播前，我坚持要到现场感受一回，我感受到了两个字：震撼！

这次发掘其实在第一次发掘时就能接着做完，可是这6个坑躲过了考古学家的手铲，它们又静静地安全地沉睡了35年。应当说，我们等待这35年是值得的。考古学在35年中有了长足进步，技术和理念有了飞跃提升，现在发掘效果一定会更好，获得的资料也一定更全面。

错过了这机会的，不必懊恼，而应当为这几个坑庆幸。

我现在的心情，是有更大的奢望，觉得这个三星堆城规模还不够大，可不可以尝试在更大范围寻找呢？还有王陵的迷阵，什么时候会破解呢？看来是时候未到，而且还要功夫下到，希望这一天快些到来。

主持人： 关于这些祭祀坑的性质学界有不同看法，你有怎样的评价，你自己如何为它们定性，也就是说它们原本的目的何在？

王仁湘： 古蜀人在神灵信仰中形成独特的仪式，有一种献祭仪式，是在祭仪完毕后将各种祭品毁弃并埋藏地下。出土的大量精美文物大多不具备实际生活用途，而与宗教祭祀活动密切相关，祭祀之频繁与祭品之丰富，体现了宗教祭仪在古蜀国社会活动中的重要性。

我以为三星堆祭祀坑埋藏的是满满的古蜀时代智慧的结晶，那都是古蜀时代独特精彩的文创作品，是记录一个地区一个时代思想的优秀文化遗产。没有三星堆和金沙对古蜀文化的保存与发散，中国文化就少了许多活跃的动能，如同没有川菜川味，我们就谈不上品味中国滋味一样。

三星堆这一座宝藏虽然已经发现了快一个世纪，但我们对它的认识也许还只是处于初始阶段，因为这个发现还只是露出来冰山一角。对这些排列有序的器物祭祀坑，相信研究者再不会用外族入侵来定性，我确信这是一座古蜀王国的国家祭坛。

各个坑的方向，与城址的方向相同。成都平原发现的多座史前城址，还有史前几批墓葬，也都是这样非正南北的方向。这是一脉相承的传统，也是先民智慧的呈现。我们从卫星图上看，四川盆地并不是圆盆形，而是一个长方形，是一个倾斜约45°的方盆形，而这正与先民们建城、筑墓、挖祭祀坑所确定的方位吻合，这不会是巧合吧？

再细一琢磨，8座祭祀坑整体的方位也符合这一原则，这也不是巧合吧？

三星堆城中的这一座国家祭坛，是蜀王定期举行祭仪之所，是祭天或是祭地，还是天地合祭，这有待进一步研究。一次祭典留下至少一个埋藏坑，可能一年一祭，或者一位蜀王举行过至少一次。祭典很隆重，奉献也很贵重，这样的祭典举行也不可能太密集。也幸亏有这样的祭坛埋藏了这样多的艺术珍品，不然我们对古蜀文明的发达程度也就不会有准确的评价了。

三星堆的新发现，与过去的发现一样，更多的与蜀人的精神与信仰有关，与艺术有关，这方面的研究一定不要忽略。

主持人： 您怎么评价这次时隔35年的三星堆考古？这次考古活动在考古史上会有怎样的意义？

王仁湘： 三星堆考古35年后重启发掘，以全新姿态，以前沿技术，以全新思路出现，这是中国考古史上划时代的事件。已经出露的发现，会大大更新以往的认识，必将解决一些疑难，也会揭示一些新的谜题。

这一次发掘为将来类似的上规模的中国田野考古建立了一种新的模式，也为世界考古提供了一个全新的考古发掘样本。这是短期内一个不易被超越的样本。

主持人： 建设中国特色、中国风格、中国气派的考古学，考古学家们应当有怎样的担当？应当有怎样的筹划？

王仁湘： 首先是责无旁贷，没有人能代替我们。

思考和解决好几个方面的问题：考古学的目标体系（课题）、考古学的方法体系（扩展）、考古学的理论体系。强调中国特色、风格与气派，最重要的是研究中国文明的形成与发展道路问题，中国文化的特质与精髓所在。

具体的研究，有东方早期人类的基因谱系、农耕文化的起源与发展、社会复杂化进程、国家起源……

建立中国考古学术思想体系、研究体系和课题分类体系，建立中国考古学术标准，如文明形成的判断标准，等等。

中国气派的考古学，要尽快制定国家层面的考古规划，像目前正在进行的"考古中国"一样，确定具有标杆意义的国家级考古项目。

让中国考古引领潮流，考古少年们须得怀有这样的雄心。

我将考古人称为穿越历史丛林的使者，代表当代人去参访远古，捎回有形有色有味真实的历史信息。这就是我们应当有的担当，应当有的情怀。

我们完善学校的课程设置体系，着力培养后备人才，稳定现有科研队伍，优遇长期坚守田野的科研人员。

我还要特别强调一点，考古还有一份当代的责任，要为现实为未来服务，为公众服务，要做好学术成果转化，这也是考古学中国特色的一个重要内容。我过去致力于科普，现在正在组织编写"中国考古"大众普及读本，也算是一份初心，也欢迎同行参与其事，贡献大家的智慧。

后记

　　这一本关于三星堆考古的集子，从来没有过编排出版计划。当出版社表示出版意向之时，心里感觉不够踏实。因为自己虽然关注三星堆考古，但研究并不系统，而且已经发表的文字体量很有限，如果再等些时候，内容也许会更充实一些。

　　结果是不容许等待，不仅要出，而且要快出。我鼓起勇气收集，最后居然大小文章集起来近30篇，也就是现在读者诸君看到的样子。

　　各篇的内容，似乎并不相干，但总体是围绕着三星堆人的信仰世界转圈，所以最终拟定的书名就是《三星堆：青铜铸成的神话》。不进入到三星堆人创作的神界，我们便理解不了那个时代的艺术与文化。前不久我所作的关于三星堆考古的几次讲座，也是围绕着这一主题，艺术是信仰飘扬的旗帜，关注古蜀信仰是解开三星堆之谜的钥匙。

还要略作说明的是，集子中收入的文字有的与三星堆并没有直接关联，却都与古蜀相关，这对于了解古蜀来龙去脉会有些帮助吧。

我的一些相关的新旧文字，是近年来才在个人微信公众号"器晤"中一度二度问世。当然更多的是与旧有发现相关的议论，新发现因为正式资料公布很少，无法展开更多的讨论。日后如果精力许可，讨论应当还会继续。

我的"器晤"，在学界朋友的支持下，已经运行了5年光景，好像还有些影响。一些出版社想着出版"器晤"系列，我还在犹豫。"器晤"还在维持着，如果头脑还在清醒状态，它就不会停止，还希望得到列位看官的支持。

感谢古蜀遗址的几代考古发掘者；感谢四川省文物考古研究院，特别感谢唐飞院长的支持；感谢提供图片的广汉三星堆博物馆、成都金沙遗址博物馆，以及三星堆新坑的发掘者们和新闻媒体的摄影；感谢巴蜀书社，感谢操刀的编辑们。

王仁湘
辛丑年立秋日
于京中寓所